시편 23편은 품격 높은 은유와 상징이 넘쳐나는 영혼의 시로 잘 알려져 있습니다. '왕의 찬송'으로 불리는 이 시는 다양한 성가로도 만들어져 방황하는 사람들의 마음에 위로와 소망을 주는 노래가 되고 있습니다. 시가서에 정통하신 김만성 목사께서 귀한 해설서를 펴내신 데 대해 감사한 마음이 듭니다. 이미 출간하신 《명예로운 제자들: 산상수훈 말씀여행》으로 독자들에게 끼친 여운이 채 가시기 전에 이번에는 시편 23편을 통해 세파에 찌든 우리 심신을 푸른 초장으로, 쉴 만한 물가로 인도하시는 주님의 손길을 느끼게 해 주고 있습니다. 특히 시의 클라이맥스 부분, "내 평생에 선하심과 인자하심이 반드시 나를 따르리니…"라는 대목이 팬데믹 국면에서 회복과 격려가 필요한 지친 영혼들을 일으켜 세우는 생명의 말씀으로 독자들에게 다가가기를 기원합니다.

_김성국 (前 이화여대 경영대학장, 같은 대학 명예교수, 장로)

대학 선배인 저자를 생각할 때마다 제일 먼저 떠오르는 것은 인자한 미소로 가득한 그의 얼굴입니다. 그 비밀을 이 책에서 발견합니다. 목자이신 하나님께 받는 행복에 겨워 벅찬 가슴으로 신뢰의 노래를 부르지 않고는 견딜 수 없는 사람! 이 책을 통해 그런 멋진 그리스도인들이 방방곡곡에서 일어나 아름다운 세상을 펼쳐 갈 수 있길 갈망합니다.

_박득훈 (《돈에서 해방된 교회》 저자)

인생은 예기치 않은 만남을 통해 예상치 못한 경로를 향해 달리는 물길 같은 데가 있습니다. 《신뢰의 자리》의 저자 김만성 목자님은 제가 오늘날처럼 말씀의 종으로 살아가도록 물길을 터 주신 선생님이고 멘토입니다.

1979년부터 1986년까지 약 7년간 저는 김만성 목자님의 성경서당의 학동으로서 기독교 신앙의 기초를 배우고 익혔습니다. 목자님은 10평도 채 안 되는 '한국기독대학인회ESF' 관악지구 작은 서당에서 20대의 김회권 같은 거친 야생마들을 조련하고 기독지성인으로 길러 내는 데 투신하셨습니다. 목자님의 오랜 인내, 헌신된 사랑, 지성과 영성의 조화, 그리고 성경강해와 설교 등은 청년대학생 시절 제게 깊은 감화를 끼쳤습니다.

독서하는 지성인으로서 목자님은 독재정권에서 민주화로 이행하는 한국 사회 격동기에 노출된 어린 지성인들을 위로하고 부축하고 지탱하셨습니다. 영성과 지성의 조화를 강조하던 목자님은 프란시스 쉐퍼의 사상세계를 우리에게 소개해 주셨고, 불의한 군부독재에 저항하는 청년대학생들을 격려하기 위해 디트리히 본회퍼의 신학사상을 가르쳐 주셨습니다. 그리고 "김회권 형제님, 형제님은 말씀의 종으로 태어났습니다. 다른 일을 하지 말고 지성인의 목자로 사세요. 여호와의 영이 형제님에게 역사하고 있습니다"라고 부단히 말씀하시며 저를 지성인의 목자로 살도록 압박하고 회유하셨습니다. 목자님의 결혼을 지켜보고 쌍둥이 아들을 낳고 기르는 과정에서 조영순 사모님이 겪은 고난을 자세히 목격하고 경험한 저로서는 목자의 길을 가라고 요구하는 목자님의 거룩한 압박이 실로 두렵고 버거웠습니다.

이승장 목자님으로부터 목자 훈련을 받은 김만성 목자님은 저를 도제식으로 가르쳐 주셨습니다. 1980년부터 1986년까지 학교의 어떤 은사님들보다 김만성 목자님에게 많은 가르침을 많았습니다. 제가 이룬 것이 조금이라도 있다면 그것은 저를 도제식으로 양육해 주신 김만성 목자님, 그 위의 이승장 목자님의 가르침 때문입니다.

시편 23편을 오롯이 담아낸 《신뢰의 자리》는 김만성 목자님이 경험하고 해석하고 체현한 하나님의 목자적 인도, 공급, 위로와 지탱 사역을 잘 보여 줍니다. 이 책은 하나님에 관한 지식이나 정보를 제공하기보다는, 하나님의 사랑의 진수를 세밀하게 구술합니다. 시편 23편에는 인류를 죽음에서 부활영생으로 이끌어 올리시는 하나님이 목자가 되어 우리의 일상생활을 자상하게 이끌고 계심을 믿게 만드는 따뜻한 인도하심이 담겨 있습니다. 김만성 목자님의 시편 23편 강해는 자상한 목자의 지팡이와 막대기이자, 고단한 사망의 골짜기를 비틀거리며 걸어가는 천로역정의 나그네들에게 잘 차려진 환대의 식탁입니다. 이사야 55장 1-3절의 하나님 잔치 초청장의 압축판 말씀입니다.

> 오호라, 너희 목마른 자들아. 물로 나아오라. 돈 없는 자도 오라. 너희는 와서 사 먹되 돈 없이, 값없이 와서 포도주와 젖을 사라. … 그리하면 너희가 좋은 것을 먹을 것이며 너희 자신

들이 기름진 것으로 즐거움을 얻으리라. 너희는 귀를 기울이고 내게로 나아와 들으라. 그리하면 너희의 영혼이 살리라….

화가 방한나 작가의 삽화 여덟 컷이 곁들여져 하나님의 목자적 사랑을 더욱 살갑게 하는 이 책이 코로나19 팬데믹의 황야를 거쳐 가는 하나님의 자녀들에게 생수가 되고 포도주와 젖이 되어 영적 소생을 맛보게 해 줄 것을 믿고 기대합니다.

_김회권(숭실대 기독교학과 교수)

신뢰의 자리

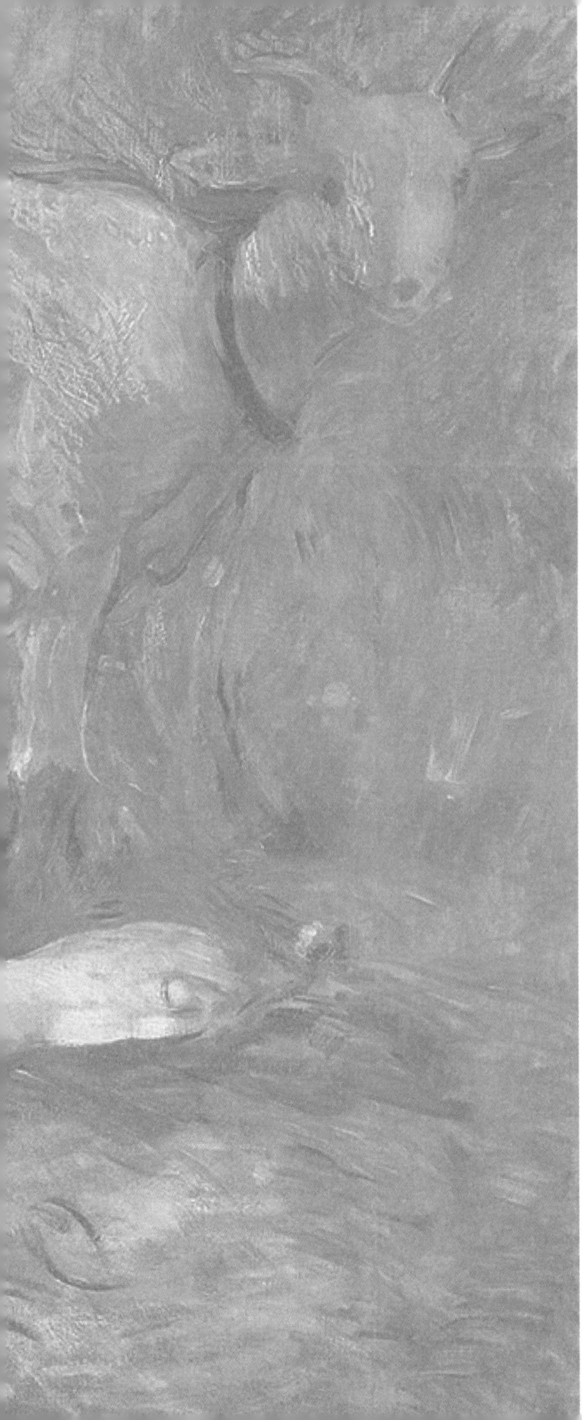

시편 23편에서 발견한 인생 좌표

신뢰의 자리

김만성

비아토르

일러두기

- 본문에 인용한 한글 성경 구절은 개역개정판을, 영어 성경 구절은 NRSV(The New Revised Standard Version)를 따랐습니다. 다른 번역본을 인용한 경우 따로 표기하였습니다.

차례

감사의 말_ 하나님을 신뢰하는 자의 고백 · 10
서문_ 밤낮으로 암송할 영혼의 노래 · 13

1. 신뢰의 노래_ 부족함이 없으리로다 · 21
2. 주는 나의 목자_ 하나님을 '나의' 목자로 신뢰하기 · 41
3. 푸른 풀밭_ 행복을 누리는 자리 · 49
4. 쉴 만한 물가_ 원기를 회복하는 자리 · 61
5. 의의 길_ 목자를 신실하게 따르는 자리 · 79
6. 죽음의 골짜기_ 악과 고난에서 해방되는 자리 · 89
7. 성찬, 기름, 넘치는 잔_ 환대의 자리 · 111
8. 하나님의 집_ 우리의 영원한 안식처 · 125

맺음말_ 생명의 언어들 · 133
참고 도서 · 135

감사의 말

하나님을 신뢰하는 자의 고백

시편 23편은 산상수훈과 함께 그리스도인들이 가장 사랑하는 성경 본문일 것입니다. 시편 23편은 다윗이 하나님과 하나님의 백성 사이의 사랑과 신뢰의 관계를 목자와 양의 관계로 은유한 서정시입니다. 이 시가 목가적인 분위기를 담은 서정시의 모습을 하고 있지만, 인간이 겪는 역경과 고통, 그리고 그것을 극복하게 하는 하나님의 강렬한 사랑을 담고 있기에 서정시의 범위를 넘어섭니다.

시인은 양을 세심하게 돌보는 목자와 그를 신뢰하고 의지하는 양의 모습을 간략하지만 심도 있게 그려 냅니다. 시편 23편에 그려진 양은 목자의 사랑을 듬뿍 받는 행복한 양입니다. 이 시를 읽고 음송하는 동안 마음이 평온해지는 것은 목자의 사랑을 받는 행복한 양의 모습 때문일 것입니다.

시편 23편은 수많은 그리스도인이 애송하는 시로서, 표현이 간결하고 뜻이 분명하기에 따로 해설이 필요하지 않을 것입니다. 신앙과 사상을 압축해서 표현한 시를 해설하다 보면 오히려 시상을 왜곡하거나 훼손할 우려가 있습니다. 저는 해설자의 입장이 아닌 선한 목자를 신뢰하고 의지하는 양으로서 "왜 사람이 하나님을 신뢰하며 살아야 하는지"를 글로 정리해 보았습니다.

세파에 시달리며 의지할 곳이 없는 분들, 눈물 골짜기를 걷는 분들, 병상에서 희망의 끈을 간신히 붙잡고 있는 분들, 미래로 나아가는 길을 찾지 못하고 있는 분들이 이 책을 따라 시편 23편을 읽고 기도하면서 하나님을 더욱 신뢰하고, 마음에 위안을 얻었으면 좋겠습니다.

오래전부터 글을 쓰도록 격려해 주신 김회권 교수님께 감사드립니다. 추천사를 써 주신 김성국 교수님과 박득훈 목사님께 감사드립니다. 출판을 맡아 주신 비아토르 출판사 김도완 대표님, 원고를 다듬어 주신 이기섭 작가님, 아름다운 삽화를 그려 주신 방한나 작가님, 그리고 책을 완성도 있게 마무리해 준 이현주 편집자와 임현주 디자이너에게도 감사를 드립니다. 아빠의 글쓰기를 응원해 준 요한John, 요셉Joseph, 제임스James, 규리에게 고마움의 인사를 전합니다.

아내 김영순의 기도와 성원이 큰 힘이 되었습니다.
이 작은 책을 친애하는 아우 고 김진성 박사에게 드립니다.

2021년 8월 31일

김만성

서문
밤낮으로 암송할 영혼의 노래

시편이란 무엇인가?

버나드 앤더슨Bernhard W. Anderson은 《시편의 깊은 세계Out of the Depths》에서, 시편은 예배라는 공적 무대에서 불린 하나님 찬양이자 하나님께 드려진 언어적 토로라는 점을 강조합니다. 시편은 그 주제와 내용, 어조와 음조에 상관없이 하나님의 심장에 타전되고 상달된 인간의 심층심리적 토로이며 음악적 표현이라는 것입니다.

앤더슨은 시편이 공예배 시 하나님의 마음과 인간의 마음을 잇고 가깝게 만드는 제의적 목적으로 불렸던 찬양 노랫말임을 증거하는 결정적인 실마리가 시편 여기저기에 나타나는 **셀라**라는 후렴구라고 말합니다(시 3:2, 8편, 9:16, 20편 등). 셀라는 성전 찬양대인 레위인들(고라, 아삽, 헤만 자손 등)의

• 서문은 사랑하는 동역자 김회권 교수의 도움을 많이 받았습니다.

교창交唱의 중간 휴지 표지였습니다. 학자들은 이 휴지기에 레위찬양대의 합창이나 악기반주가 제공되었을 것이라고 봅니다.

시편들이 공예배 시에 불린 찬양이었음을 알려 주는 또 다른 실마리는 많은 시편에 붙어 있는 표제어 첨기添記입니다. "인도자를 따라…." 예를 들어, 시편 22에는 "인도자를 따라 아앨렛샤할에 맞춘 노래"라고 되어 있습니다. 아앨렛샤할은 직역하면 '새벽사슴곡조'입니다. 이 새벽사슴곡조는 시편 22편이 불릴 때 제공된 음조tune을 가리켰을 것입니다. 시편 백오십 편 대부분이 악기나 찬양대 등의 반주에 따라 낭창되었고, 연주 목적으로 저작되었기 때문에 격앙된 문체, 음률적 종지終止, 이미지 역동, 사상과 감정의 전진 등이 부각되는 것은 이상한 일이 아닙니다. 결국 많은 시편은 다윗이나 특정 개인들의 특정 사연이나 삶의 자리에서 착상되었을 수는 있었으나 실제로 완성된 시편들이 사용되었을 법한 상황은 예배라는 무대였다는 사실은 아무리 강조해도 지나치지 않습니다. 시편 137편(우리가 바벨론의 여러 강변 거기에 앉아서…)과 같은 소수의 시편을 제외하고는 특정한 역사적 사건이나 무대가 언급되지 않는 이유가 바로 여기에 있습니다. 어떤 개인, 시대, 사건에 상관없이 보편적으로 적용되는 삶의 사연이 시편들의 중심 배경이 된다는 것입니다. 대부분은 순례도상에 있는 이스라엘 백성의 보편적인 호소요, 기도요, 노래였습니다. 이 시편을 읽고 공감하는 모든 사람은 이스라엘 순례도상 공동체에 이미 합류한 사람들입니다. 시편은 하나님의 감미로운 임재와 동행을 그리워하는 지상 순례자들의 노래라는 것입니다.

시편 전체에서 23편이 차지하는 자리

절대다수의 시편에서 화자는 하나님이 아니라 인간입니다. 하나님은 '인간의 찬양, 탄원, 불평'을 듣고 있는 청중입니다. 시편이 하나님의 말씀이 되는 이유는, 그것이 하나님이 인간에게 내려 주신 초월적 계명이거나 훈계이기 때문이 아니라, 하나님의 마음에 상달되고 타전되고 경청되는 하나님 자녀의 언어적·음악적 토로이기 때문입니다. 하나님의 마음에 와 닿는 하나님 자녀의 언어적·음악적 토로도 '하나님 말씀'입니다. 하나님이 하나님 자녀에게 행하신 모든 구원, 심판, 그리고 회복과 갱생사역에 대한 하나님 자녀의 성찰, 응답, 그리고 평가도 하나님의 마음에 와 닿는, 하나님이 접수하신 하나님 말씀입니다. 하나님이 경청하고 듣고 수용하신 인간의 모든 언어도 하나님 말씀이라는 사실은 실로 감동적입니다.

시편 56편 8절은 '다윗이 흘린 눈물이 주의 병에 담겨져 있고 그의 긴 세월 유리방황함이 하나님의 책에 기록되었다'고 말합니다. 성경은 하나님 자녀들의 눈물을 담은 하나님의 병이요 주님 백성들의 유리방황하는 사연이 적힌 책이라는 것입니다. 이런 의미에서 시편 23편은 '하나님 말씀'입니다. 시편 23편은 삶의 모든 순간에 하나님의 인도와 보호, 사랑과 위로, 지지와 견인, 회복과 갱생을 맛본 참 하나님 자녀의 종합적 소감이자 평가이기 때문입니다.

이 시편은 다윗의 일생을 기승전결로 정리하는 드라마로 해석할 수도 있고, 이스라엘 역사의 파란만장한 굴곡과 궁극적 위로를 그린 국가적 신앙고백송으로 읽을 수도 있습니다. 시편 95편에서 시편 기자는 우리 이스라엘은 야웨 하나님이 기르시는 양 떼임을 고백합니다. "우리는 그가 기르시는 백성이며 그의 손이 돌보시는 양"입니다(7절). 시편이나 이스라엘 예언서에서 목자는 '왕'을 가리킵니다. 목자는 하나님의 왕적 보호, 인도, 그리고 안식 초청의 책임자입니다. 시편 23편은 선한 목자를 따라 위험한 사망 골짜기로 굴러떨어진 것 같은 추락을 맛보고도 결국 그 추락이 하나님이 베풀어 주시는 고위평탄면 상床에 도달하는 양의 반전 감격으로 마무리됩니다. 진수성찬이 베풀어진 이 상은 성전을 품고 있는 예루살렘을 표현하는 제유법입니다.

시편 23편은 한 폭의 수채화 같습니다. 평온하고 신선한 초장을 뒹굴던 어린 양이 목자의 막대기 아래로 지나가며 목자의 호명을 듣습니다(렘 33:13). 양은 목자의 음성을 알고 목자를 따라나섭니다(요 10:3-4, 16, 27). 처음에는 신선한 초장과 쉴 만한 물가로 양을 인도했던 목자는 때가 되면 또 다른 길로 인도합니다. 그것은 양이 목자를 의지하고 의존하도록 연습하는 훈육의 길입니다. 양이 신실함을 체득하도록 예비된 길입니다.

그런데 양이 목자를 따라 이 훈육을 위한 의의 길로 가다가 갑자기 사망의 음침한 골짜기로 굴러떨어지는 정경을 한번 그려 보세요. 시편 23편 화자는 바로 그 순간에 자신의 이름을 부르는 목자의 음성을 듣습니다. 양이 사망의 음침한 골짜기로 굴러떨어질 때 목자는 양의 이름을 부릅니다. "○○○아! 골짜기 길로 추락하는 것 같은 여정은 결코 파멸이 아니다." 이렇게 해서 시편 23편의 목자와 양은 곤고하고 음침한 추락의 순간도 같이 돌파했습니다. 선한 목자는 양을 앞서 인도하고 양은 목자의 음성을 듣고 따라가다 마침내 형용할 수 없는 윤택한 고위평탄면 초장(대관령 같은 초장)을 보고 감격하는 어린 양을 상상해 보십시오. 이처럼 기승전결의 드라마가 시편 23편을 이끌어 갑니다.

목자가 인도한 처음 장소는 푸른 풀밭, 쉴 만한 물가입니다. 기起 단계입니다. 목자에 대한 누적된 신뢰로 양은 목자가 이끄는 의의 길로 나아갑니다. 승承입니다. 그런데 의의 길이 어느 순간에 사망의 음침한 골짜기 길로 변합니다. 그래도 양은 '죽을 것 같은 두려움'을 안고 골짜기 길로 추락하듯이 목자를 따라갑니다. 전轉입니다. 바로 이 추락의 순간에, 양은 목자의 가슴 깊은 곳에서 나오는 선하심의 실체를 맛봅니다. 사망의 음침한 골짜기 길에서 목자의 지팡이와 막대기가 자신을 지탱하고 위로함을 경험합니다. 목자의 보호, 위로를 맛보는 시간이기도 합니다. 여기서부터 결結이 시작됩니다.

'죽을 것 같은' 두려움의 골짜기 길을 따라 걷다 보니, 양은 어느새 고위평탄면 단구壇도로 인도되었습니다. 이때 비로소 독자는 시편 23편의 양은 단지 동물 양이 아니라, 야웨의 성전을 찾아 순례길을 떠난 이스라엘 백성, 하나님 자녀임을 깨닫게 됩니다. 진수성찬이 펼쳐진 상은 예루살렘 성전이요, 머리에 기름을 가득 부어 주는 목자의 환대는 예배 때 부어지는 야웨 하나님의 성령 위로였습니다. 이 극적 환대를 맛본 양은 한층 더 깊은 갈망에 눈을 뜹니다. 양을 후견하던 야웨의 선하심과 인자하심이 그에게 야웨의 집에 영원히 살고 싶은 갈망을 불러일으켰습니다. 이렇게 감동적인 반전 정경 때문에 시편 23편은 교회사 전체에 걸쳐서 장례식장에서 애도할 때 가장 많이 애독되고 애송되는 시편으로 자리 잡았습니다. '죽음'의 권세에 시달리는 모든 영혼, 살았으나 죽음을 맛보며 산 자의 땅에서 멀어져 가는 영혼을 지탱하고 견인해 주는 영혼의 찬가입니다.

시편 23편을 밤낮으로 음송하고 노래하는 성도의 유익

현대는 모든 것을 가진 것 같으나, 단 한 가지를 갖지 못한 결핍의 시대입니다. 현대는 하나님의 왕적 보호, 인도, 위로, 환대를 상실한 무신론의 세기입니다. 인간은 이 절대적 허기를 채우려고 온갖 애를 다 씁니다. 그러나 인간은 하나님 절대결핍증으로 낮은 자존감, 상시적인 의기소침, 우울증에 시달립니다. 하나님이 없어서 생긴 이 영적·정신적 결핍을 메워 보려고 발버둥치는 현대인들은 자신의 '저등한 욕망'을 채우기에 급급합니다. 인간은 아무리 저등한 욕망을 충족시켜도 하나님의 형상으로 창조된 자신 안에 있는 하나님에 대한 근원적 허기와 갈증, 결핍감을 충족시킬 수가 없습니다. 자신의 모든 욕망을 물질로 채우려고, 다른 동료들, 심지어 아내와 남편이라는 가족의 연대로 채우려고 발버둥쳐도 하나님이 주시는 시편 23편의 절대적 평온과 자족감은 누릴 수 없습니다. 모든 종류의 중독은 자아망각적 몰입, 거짓된 일치연합의식, 위조된 자아초월의식을 찰나의 순간에 만들어 줄지 몰라도 그것은 완전 가짜입니다.

시편 23편은 현대인들의 이 근원적인 존재결핍감을 치유하는 노래입니다. 모든 사람은 추락하는 내리막길이 있습니다. '내가 인생을 잘못 살았나? 내 인생은 이제 끝장난 것인가?' 모든 사람은 누구나 자신만의 굴곡이 있고 골짜기 길이 있습니다. 어둠의 시간이며 오리무중의 시간입니다. 이 사망의 음침한 골짜기 길은 내 자신감이 고꾸라지는 순간이요 나에 대한 신뢰가 무너지는 자리입니다. 이때는 내 인생의 곤경을 토로하고 짐을 나눌 만한 사람이 아무도 없는 모래사막 같은 생의 길목으로 내몰린 듯한 위기의 순간입니다. 이런 순간에 나를 찾아오시는 분이 바로 하나님입니다. 시편 23편은 밤낮으로 음송하고 암송할 영혼의 노래입니다.

신뢰의 노래

부족함이 없으리로다

다윗이 노래한 시편 23편은 시편의 여러 장르 중에 신뢰의 노래song of trust 및 신뢰시trust psalm에 속합니다. 다윗은 첫 절에서 "여호와[주]는 나의 목자시니 내게 부족함이 없으리로다"라고 하며 하나님에 대한 신뢰를 노래합니다. 다윗은 하나님을 신뢰하기 때문에 자기에게 부족함이 없다고 고백합니다. 하나님을 신뢰하는 다윗은 푸른 풀밭에 길게 누워 있는 한 마리 양처럼 평온해 보입니다. 다윗은 그가 살면서 겪은 풍파를 넘어 차분하고 고요한 평정 상태에 있는 듯합니다.

다윗은 살해의 위협을 받았고, 사람을 죽였으며, 가족과 친구의 죽음에 상심했고, 아들의 모반과 신하의 배신을 겪었고, 성적 타락으로 고통을 받았습니다. 일개 목동에서 일국의 왕이 된 만큼 그 인생은 누구보다도 굴곡과 부침이 많았습니다. 하지만 다윗은 그런 인생에도 하나님이 개입하셔서 목자가 양을 돌보듯이 보살펴 주셨다고 노래합니다. 그리고 앞으로도 계속해서 그분의 보살핌을 받으리라고 확신합니다.

시편 23편에서 다윗은 파란만장한 삶의 궤적을 관조하는 듯 평온해 보입니다. 다윗이 누리는 평온함을 지켜보면서 우리는 하나님을 신뢰하는 것이 무엇인지에 관심을 갖게 됩니다. 사람은 왜 하나님을 신뢰해야 할까요?

광야의 양이기 때문에 신뢰합니다

시편 23편이 속한 장르인 '신뢰시'는 '지난날 고난 가운데 하나님이 베푸신 은혜를 상기하면서 현재의 고난에도 그러한 은혜를 베푸실 것을 신뢰하는 것'이 중심 내용입니다. '하나님 신뢰'는 시인이 처한 고난, 즉 위기상황이나 생존의 문제를 전제로 합니다. 시인이 하나님을 신뢰하게 된 위기상황은 '광야'와 '피조물'이라는 두 가지 관점으로 정리할 수 있을 것입니다.

시편 23편을 그림으로 묘사하면 광야를 배경으로 해서 양과 목자가 그려질 것입니다. 시편 23편에 묘사된 양들은 미국 콜로라도주나 유럽 알프스의 산기슭, 또는 뉴질랜드 넓은 목초지에서 서식하는 양들과는 다릅니다. 시편의 양은 이스라엘 황량한 광야에서 자라는 양들입니다. 이곳 광야廣野, wilderness는 사암이 주성분인 흙의 세계입니다. 그곳에는 관목류가 드문드문 자랄 뿐 양들이 먹을 수 있는 풀은 오아시스 인근이나 시냇가에서만 자랍니다.

광야는 물기가 거의 없는 건조한 땅이기에 양들이 먹이를 구하기가 쉽지 않습니다. 또한 낮과 밤의 일교차가 매우 크고, 자주 돌풍이 불어서 흙먼지를 거세게 일으킵니다. 게다가 늑대와 여우, 하이에나 같은 맹수가 수시로 출몰해서 양들을 위협합니다.

시편 23편의 배경을 장식하는 광야는 양들과 그리스도인들을 은유적으로 연결하는 역할을 합니다. 양들이 광야에서 결핍, 즉 양식 부족, 물 부족을 경험하는 것처럼 그리스도인들도 인간사회에서 약육강식, 적자생존의 무한경쟁으로 인해서 결핍을 경험합니다. 양들이 광야에서 악과 고난, 즉 맹수의 습격, 도둑과 강도의 침입, 홍수와 급류, 구덩이와 낭떠러지의 위험, 추위와 더위, 열풍과 돌풍, 독풀과 뱀과 해충을 경험하는 것처럼 그리스도인들도 악과 고난으로 뒤틀린 세상에서 이와 유사한 경험을 합니다. 실제 광야에서 거주하는 그리스도인들은 그리 많지 않지만, 그들이 경험하는 삶의 내용은 광야 속 양들의 경험과 흡사합니다.

2019년 늦가을에 시작되어 2020년 초부터 지구촌 전역으로 퍼져 나간 코로나19로 인해 순식간에 인류의 삶은 황량한 광야같이 변했습니다. 광야의 열풍처럼 역병이 휘몰아쳐 무수한 생명이 스러졌습니다. 미국은 역병이 창궐한 후에 지금까지 수백만 명이 사망했습니다. 사람들이 서로를 기피하고 의심하면서 대인관계가 삭막해졌습니다. 경제적 불황으로 사업이 기울고 취업이 힘들어져 생존의 위기에 내몰려 있습니다. 평온했던 마을과 도시가 도처에 위험이 도사리고 있는 광야처럼 황량해졌습니다.

결핍과 역경의 땅 광야에서 양들이 목자의 도움을 받지 못한다면 어떨까요? 생존이 어려울 것입니다. 험한 세상에서 우리가 하나님의 보살핌을 받지 못한다면 광야의 역경에 희생되고 말 것입니다. 양들이 목자를 의지해서 역경을 극복하듯이 그리스도인들은 광야 같은 세상에서 하나님을 의지해서 역경을 극복합니다.

다윗은 하나님의 돌보심을 유목민의 생활상에서 빌려 온 목자와 양에 빗댑니다. 광야의 양들을 돌보는 목자는 양들에게 전적으로 헌신하는 자입니다. 그는 24시간 양들과 함께하며 양들이 위험에 처할 때 목숨을 걸고 보호합니다. 다윗이 '주는 나의 목자시니' 하며 하나님을 목자로 은유한 것은 목자가 양들을 헌신적으로 돌보듯이 하나님이 그를 신실하게 보살피시기 때문입니다. 그리스도인들이 다윗처럼 하나님을 신뢰해야 하는 이유는 우리가 광야의 양이기 때문입니다.

이 짧은 글에서는 광야를 대체로 부정적인 이미지로 다루겠지만, 광야는 긍정적인 면도 지니고 있습니다. 광야는 하나님의 백성이 형성된 곳입니다(신 8:2-5). 그들은 광야에서 하나님을 의지하고 순종하는 훈련을 받았습니다. 또 광야는 세속과 단절되어 경건을 연단할 수 있는 곳이기도 합니다. 예수님은 새벽 동틀 무렵에 광야(개역개정판에는 "한적한 곳"으로 번역되어 있다, 막 1:35)에 나가서 기도하셨습니다. 사막의 교부들은 사막이나 광야에 들어가서 금욕과 청빈을 통해 경건수련에 정진했습니다.

피조물이기에 하나님을 신뢰합니다

시편 23편에 명시적으로 언급되어 있지는 않지만, 사람이 하나님을 신뢰해야 하는 이유는 우리가 피조물이기 때문입니다(시 100:3). 사람은 피조물이기에 자원이 제한되어 있고, 시간적으로도 유한합니다. 사람은 피조물이기에 결핍—자원 고갈과 수명 제한—을 경험하고, 고갈되는 자원을 채우기 위해 타인의 자원을 빼앗으려 쟁투하면서 악과 고난을 만들어 냅니다. 그리고 결국 죽음의 세력에게 지배당합니다. 사람이 태생적으로 지닌 피조물성이 시편 23편의 양들과 그리스도인들을 은유적으로 연결합니다. 피조물성으로 인한 결핍과 그로 인한 악과 고난으로 인해 사람은 하나님을 신뢰해야 합니다.

그렇다면 사람이 피조물인 것을 우리는 어떻게 알 수 있을까요? 그리고 피조물인 사람을 하나님은 어떻게 대하실까요?

전도서 3장 19-21절에서는 흙으로 만들어진 사람의 피조물성과 죽음으로 생을 마감하는 허무함에 대해 다음과 같이 말씀합니다.

> 인생이 당하는 일을 짐승도 당하나니
> 그들이 당하는 일이 일반이라.
> 다 동일한 호흡이 있어서 짐승이 죽음같이 사람도 죽으니

사람이 짐승보다 뛰어남이 없음은 모든 것이 헛됨이로다.
다 흙으로 말미암았으므로 다 흙으로 돌아가나니
다 한 곳으로 가거니와

> All go to one place; all are from the dust,
> and all turn to dust again(NRSV)

인생들의 혼은 위로 올라가고
짐승의 혼은 아래 곧 땅으로 내려가는 줄을 누가 알랴.

흙에서 왔다가 흙으로 돌아가는 사람을 대하시는 하나님의 태도가 시편 103편 13-18절에 기록되어 있습니다.

아버지가 자식을 긍휼히 여김같이
여호와께서는 자기를 경외하는 자를 긍휼히 여기시나니
이는 그가 우리의 체질을 아시며
우리가 단지 먼지뿐임을 기억하심이로다.
인생은 그 날이 풀과 같으며 그 영화가 들의 꽃과 같도다.
그것은 바람이 지나가면 없어지나니
그 있던 자리도 다시 알지 못하거니와
여호와의 인자하심은
자기를 경외하는 자에게 영원부터 영원까지 이르며

그의 의는 자손의 자손에게 이르리니

곧 그의 언약을 지키고

그의 법도를 기억하여 행하는 자에게로다.

다윗은 시편 103편에서 하나님의 백성이 피조물이기에 하나님이 그들에게 인자와 긍휼(자비)을 베푸신다고 노래합니다. 하나님은 사람이 어떻게 만들어졌는지 그 체질 how we were formed을 아십니다. 사람은 먼지(흙)로 만들어진 피조물 earth-creature입니다. 사람은 광야에서 자라는 풀과 같아서 뜨거운 바람이 불어오면 꽃처럼 시들어 떨어집니다. 돌풍이 불어오면 시든 풀은 뿌리가 뽑혀 멀리 날아가 버리고 그 자리는 먼지로 덮여 흔적이 사라집니다. 흙으로 만들어진 사람은 때가 되면 흙으로 돌아갑니다. 사람은 길어야 100년 언저리를 살다가 지상에서 사라집니다.

하나님은 사람의 체질(흙으로 만들어진 피조물)을 아시고 그분의 백성을 불쌍히 여기십니다(시 103:13). 하나님은 그들에게 인자하심을 영원부터 영원까지 베푸십니다(시 103:17). 즉 하나님이 사람을 지으실 때 흙에게 생명을 주셨듯이 흙으로 돌아가는 하나님의 백성에게 생명을 주시기를 "영원부터 영원까지", "자손의 자손에게" 중단 없이 계속하십니다. 이것이 하나님이 흙으로 만들어진 사람을 대하시는 태도입니다.

사람이 흙으로 만들어진 피조물인 것과 흙으로 만들어진 사람을 대하시는 하나님의 태도를 알 때, 사람마다 그분을 신뢰하고 그분의 인자하심과 긍휼을 의지할 것입니다.

신뢰의 결과

피조물성으로 인해 자원이 제한된 사람이 하나님의 무한한 자원, 즉 인자와 긍휼을 빌려 쓰고자 하나님을 의지하는 것을 '근본적 신뢰primal trust'라고 합니다. 근본적 신뢰는 하나님의 자원을 빌려서 피조물의 고갈되는 자원을 채우려는 태도입니다. 근본적 신뢰는 피조물인 사람의 필수 생존방식입니다. 아울러 근본적 신뢰는 온전한 사회인이 되는 근간이기도 합니다. 자원의 결핍을 하나님의 자원을 빌려서 해결하는 하나님의 백성은 타인의 자원을 빼앗으려 하지 않을 것입니다. 오히려 사회적 약자와 빈자를 너그럽게 대할 것이며 사회정의를 실현하려 할 것입니다.

근본적 신뢰는 '견고한 바위 위에 서는 것'에 비추어 볼 수 있습니다. 딛고 서 있는 기반이 흔들리면 제 몸 하나 가누기도 쉽지 않습니다. 인자와 긍휼이라는 하나님의 자원을 존재의 기반으로 삼는 근본적 신뢰는 자원의 고갈로 인한 결핍과 혼돈의 상태에서도 만족(자원이 채워져서 부족함이 없는 상태)과 평정(혼돈이 사라진 상태)을 경험하게 합니다.

근본적 신뢰는 '밤길을 걷는 꼬마 아이'에 견주어 볼 수 있습니다. 꼬마 아이가 할머니 집에 가는 동안 시골 밤길을 혼자 걷는다면 얼마나 무섭겠습니까? 두려움과 불안감에 떨며 땅만 내려다보면서 종종걸음을 할 것입니다. 그러나 이 아이가 엄마아빠의 손을 잡고 밤길을 걷는다면 어떻겠습니까? 깡충거리며 노래를 부르거나 밤하늘의 반짝이는 별을 세면서 걸어갈 것입니다. 엄마아빠를 신뢰하기에, 그러니까 엄마아빠의 자원(사랑과 능력)을 빌려 쓸 수 있기에 아이는 더는 밤길이 두렵지 않습니다. 엄마아빠에 대한 든든한 신뢰가 꼬마의 밤길에 대한 태도를 바꾸어 놓습니다. 그리고 엄마아빠의 손을 잡고 걸었던 별빛으로 가득하던 그 밤길은 훗날 소중한 추억이 될 것입니다. 부모에 대한 아이의 든든한 신뢰가 주변 세계를 대하는 태도에 변화를 주었듯이 그리스도인의 하나님에 대한 근본적 신뢰는 그의 인생관과 세계관에 변화를 줄 것입니다.

또한 근본적 신뢰는 '수영을 배우는 소년'에 견주어 볼 수 있습니다. 물을 두려워하는 소년이 수영에 능한 아빠의 도움을 받아 물에 뜨게 되면 이제 물을 두려워하지 않고 수영을 하거나 잠수를 하면서 물놀이를 즐기게 될 것입니다. 아빠에 대한 소년의 든든한 신뢰가(아빠의 능력과 사랑을 빌려 쓸 수 있었기에) 두려움의 대상이었던 물의 세계를 즐기게 할 것입니다.

하나님에 대한 신뢰, 근본적 신뢰는 사람이 피조물성에 갇혀 있어서 경험하지 못했던 새로운 세계를 누리게 합니다. 엄마아빠를 신뢰한 꼬마가 밤길을 걸으며 별을 세고, 아빠를 신뢰한 소년이 수영과 잠수로 물을 즐기게 된 것과 흡사합니다.

사람이 근본적 신뢰를 지니게 되면, 악과 고난으로 부서지고 부패하고 허무해지는 것이나 흙으로 돌아가는 것으로 인생이 끝나지 않을 것입니다. 근본적 신뢰는 하나님의 인자와 긍휼로, 즉 하나님의 무한한 자원으로 만들어진 세계, 결핍과 악과 고난에서 해방된 세계를 누리게 할 것입니다.

신뢰의 근거

다윗이 자기를 양으로, 하나님을 목자로 은유하면서 하나님에 대한 확고한 신뢰를 드러낼 수 있었던 근거는 무엇일까요? 다윗이 확고하게 붙잡은 하나님에 대한 신뢰성 trustworthiness of God은 무엇일까요?

다윗은 시편 23편 6절에서 "내 평생에 선하심과 인자하심이 반드시 나를 따르리니" 하며 하나님을 신뢰하는 근거를 드러냅니다. 여기서 보듯이 '하나님의 선하심과 인자하심'이 다윗이 하나님을 신뢰하는 근거입니다. 선하심과 인자하심은 2절부터 5절까지 광야의 양들을 돌보는 목자의 헌신으로 은유된 하나님의 사랑입니다.

하나님의 사랑은 '언약의 사랑 covenant love'을 통해서 가장 잘 이해할 수 있습니다. 언약으로 그분의 백성을 일으키신 하나님은, 언약적 의무를 충실히 수행하여 자기 백성을 신실하심 faithfulness과 인자하심 steadfast love, covenant mercy으로 대합니다. 신실과 인자를 바로 언약의 사랑이라고 합니다.

'신실하심'은 언약으로 결속된 관계를 견고하게 유지하려는 하나님의 확고한 태도입니다. 하나님의 백성이 하나님께 대한 충성을 거부하고 반역행위를 할 때도 하나님은 언약으로 맺어진 사랑의 관계를 끊지 않고 끝까지 유지하십니다. 하나님의 백성에 대한 이러한 하나님의 한결같은 태도가 신실하심입니다.

'인자하심'은 행동으로 나타난 신실faithfulness in action로서 하나님이 그분의 백성을 섬세하게 보살피는 것(인도하고 공급하고 보호하는 것)을 말합니다. 인자하심이란 하나님이 신실한 언약의 주the faithful God of covenant로서 그분의 백성이 광야 경험을 할 때 신실하고 자애롭게 보살피시는 것입니다. 그리고 시편 23편 6절에 나타나는 선하심goodness은 하나님께서 너그러운 창조주the generous God of creation로서 그분의 피조물들에게 자원을 풍성하게 공급하시는 것을 의미합니다.

다윗은 평생토록 하나님의 선하심과 인자하심을 받아 누렸고, 이로써 하나님에 대한 확고한 신뢰를 지니게 되었습니다. 그리스도인들이 이미 누리고 있는 하나님의 선하심과 인자하심을 다윗처럼 포착할 수 있다면 하나님을 견고하게 신뢰하게 될 것입니다. 그리고 그 선하심과 인자하심으로 인해 피조물로서의 결핍과 광야의 역경 중에서도 다윗처럼 만족하며 평온할 수 있을 것입니다.

신뢰의 기도

그리스도인은 시편을 읽을 때, 시인이 처한 현실에서 나의 현실을 발견하고 시인의 현실에 임한 하나님의 현실(선하심과 인자하심)이 나의 현실에도 임하기를 사모하게 됩니다. 그리스도인은 시편 23편을 읽을 때, 그가 시인처럼 결핍(1-2절)과 악과 고난(3-4절)을 경험하고 있음을 알게 되고, 시인에게 임한 하나님의 선하심과 인자하심(4-6절)을 구하게 됩니다. 오래전 다윗이 노래한 신뢰시가 오늘의 그리스도인에게는 신뢰의 기도가 됩니다. 그리스도인은 시편 23편을 읽고, 음송하고, 찬양하고, 따라 기도하면서 점차 다윗처럼 하나님을 신뢰하는 사람이 되어 갑니다.

저는 젊은 날부터 역경에 처하거나 일상에서 지칠 때면 시편 23편을 애송했습니다. 대학생 시절 학생들을 가르치고 밤늦게 귀가할 때나 직장 일로 지쳤을 때, 가정에 우환이 있을 때면 으레 찬송가 〈오 놀라운 구세주 예수 내 주〉를 나직이 부르곤 했습니다. 이 노래는 패니 크로스비 Fanny J. Crosby가 시편 23편의 시상詩想을 노래의 후렴에 담아 작사한 곡으로, 수많은 그리스도인에게 위안을 주었습니다.

오 놀라운 구세주 예수 내 주
참 능력의 주시로다
큰 바위 밑 샘솟는 그곳으로
내 영혼을 숨기시네
메마른 땅을 종일 걸어가도
나 피곤치 아니하며
저 위험한 곳 내가 이를 때면
큰 바위에 숨기시고
주 손으로 덮으시네 (찬송가 391장 1절)

목회를 하면서 새벽기도회를 인도할 때는 〈주는 나를 기르시는 목자〉를 자주 선곡했습니다. 저의 애창곡이기도 했고, 새벽기도회에 나온 이들에게 적합한 곡이었기 때문입니다. 1956년 최봉춘 작사, 장수철 작곡으로 지어진 이 찬송가는 아름다운 가사와 선율로 수많은 한국인 그리스도인들에게 시편 23편의 영감을 전해 주었습니다.

주는 나를 기르시는 목자요
나는 주님의 귀한 어린 양
푸른 풀밭 맑은 시냇물가로

나를 늘 인도하여 주신다
주는 나의 좋은 목자
나는 그의 어린 양
철을 따라 꼴을 먹여 주시니
내게 부족함 전혀 없어라 (찬송가 570장 1절)

시편 23편은 다윗이 지닌 하나님에 대한 신뢰, '근본적 신뢰'를 노래한 것입니다.

이제 시편 23편을 한 절씩 읽어 가면서 다윗이 하나님을 근본적으로 신뢰함으로써 하나님의 현실을 누리는 모습, 그 평온한 모습을 살펴보고자 합니다. 한 절씩 읽어 갈 때 하나님에 대한 우리의 신뢰도 견고해지고, 다윗이 누렸던 평정심도 누릴 수 있으면 좋겠습니다.

❷ 주는 나의 목자

하나님을 '나의' 목자로 신뢰하기

시편 23:1

여호와는 나의 목자시니
내게 부족함이 없으리로다.

The LORD is my shepherd,
I shall not want.

1절은 시편 23편의 전체 주제를 보여 줍니다. 시인은 23편 첫 구절에서 하나님에 대한 신뢰를 노래하며, 하나님을 "나의 목자"라고 부릅니다. 하나님에 대한 전적인 신뢰를 드러내는 표현입니다. 우리 또한 다윗처럼 하나님을 '나의' 목자로 신뢰하는 것이 중요합니다. 하나님에 대해 이론적으로 말할 수 있고 공동체적으로 고백할 수도 있지만, 하나님을 '나의' 목자로 부르면서 개별적으로 하나님에 대한 신뢰를 드러낼 수 있어야 합니다. 그래야 피조물의 한계를 지닌 채 광야 같은 세상을 살면서도 다윗처럼 '내게 부족함이 없다'고 노래할 수 있습니다.

근본적 신뢰란 내게 자원이 결핍되었을 때 하나님의 무한한 자원을 빌려 와서 생존을 도모하는 것입니다. 그러니 그리스도인이 하나님을 근본적으로 신뢰하는 것은 하나님을 '나의 목자'로 신뢰하는 것입니다. 목자는 사랑과 능력으

로 능수능란하게 양들의 생명을 풍성하게 하기 때문입니다.

온누리교회 하용조 목사님은 근본적 신뢰를 이렇게 쉽게 풀어서 말했습니다. "하나님과 주고받는 교역량이 많아야 신앙생활이 풍성해집니다." 그리스도인이 하나님을 신뢰하고 하나님이 그에게 자원을 풍성하게 베푸실 때 신앙생활이 행복해진다는 뜻일 것입니다.

근본적 신뢰를 언약의 관점에서 이해하면 하나님을 '나의' 목자로 부르게 될 것입니다. 목자와 양의 은유는 하나님과 하나님의 백성 간에 체결된 언약을 묘사하는 그림언어metaphor입니다.

'목자'는 언약 관계에서 그분의 백성을 신실하게 돌보는 시혜자施惠者임을 나타냅니다. 하나님은 시혜자로서 그분의 백성을 인도하고 보호하며 그들에게 필요한 것들을 공급하십니다. '양'은 언약 관계에서 하나님의 백성으로서 하나님의 돌보심을 받는 수혜자受惠者임을 나타냅니다.

하나님의 백성이 하나님의 돌보심을 받기 위해 하나님 앞에 마주 서는 것을 믿음이라고 합니다. 믿음은 하나님의 백성이 시혜자 하나님 앞에 수혜자로 마주 서서 하나님이 베푸시는 은혜를 의지하고 하나님의 인도하심에 순종하는 것입니다. 믿음이란 수혜자가 시혜자를 의지하고 순종하되 신실하게 의지하고 순종하는 것을 말합니다.

  이 믿음이 목자와 양의 은유에서 신뢰로 표현됩니다. 신뢰는 믿음이라는 것에 위기상황 또는 자원의 결핍이라는 변수가 더해진 것입니다. 신뢰는 수혜자 하나님의 백성이 '위기에 처해서', '생존을 위해서' 시혜자 하나님께 보이는 믿음입니다. 즉 신뢰는 자원이 결핍되었을 때 하나님의 은혜를 의지하는 것입니다. 수혜자가 시혜자 앞에 믿음으로 마주 서는 순간이 많을수록 시혜자 하나님이 베푸시는 은혜도 많아질 것입니다. 그러므로 하나님을 나의 목자로, 나의 시혜자로, 내가 딛고 서는 견고한 반석으로 신뢰하는 것이 '근본적 신뢰'입니다.

신뢰의 자리에서

제가 하나님을 '나의' 목자로 신뢰하게 된 내력은 대략 이렇습니다. 저는 유년기부터 청년기까지, 제가 딛고 서 있는 기반이 무너지는 경험을 여러 번 했습니다. 태어난 지 얼마 되지 않은 젖먹이일 때 부모와 떨어졌습니다. 일찍 모친과 사별했습니다. 집안 형편이 어려워 대학 진학을 포기했습니다. 고교 졸업 무렵에는 건강이 크게 상했습니다. 역경이 끊이지 않다 보니 서 있는 발밑이 늘 흔들렸습니다.

중고등학생 시절, 아직 신앙이 없던 시기에도 하늘을 우러러 기도 아닌 기도를 드렸습니다. 그러다 청년기에 하나님을 알게 되면서 안도감과 평온함을 얻었습니다. 그때 하나님을 나의 목자로, 든든한 기반으로 신뢰하게 되었습니다. 그 이후로는 역경에 처해도 크게 흔들리지 않습니다. 그분이 저의 목자로서 "때를 따라 돕는 은혜"(히 4:16)를 베풀어 주셨기 때문입니다. 제가 시편 23편을 애송하게 된 것도 하나님을 신뢰하면서 역경 중에 평온을 누렸기 때문일 것입니다.

그리스도인이 하나님을 신뢰할 때 시혜자 하나님이 베푸시는 선하심과 인자하심을 받아 누리게 되고, 그 결과 피조물의 결핍과 광야-세상이 주는 악과 고난에서 해방됩니다. 그리스도인은 저마다 광야의 양이기에 하나님을 '나의' 목자로 신뢰해야 합니다.

시편 23편은 하나님의 백성이 피조물로서 광야-세상에서 경험하는 현실이 무엇이며, 그러한 사람의 현실에 베푸시는 하나님의 현실이 무엇인지를 노래합니다. 그리고 시혜자 하나님이 베푸시는 선하심과 인자하심, 수혜자 하나님의 백성의 신뢰 또한 노래합니다.

❸ 푸른 풀밭

행복을 누리는 자리

시편 23:2 상
~~~~~~~~~~~~~~~~

그가 나를 푸른 풀밭에 누이시며

He makes me lie down in green pastures;

아침에 목자를 따라 우리를 나선 양들은 광야 길을 걷다가 풍성하게 돋아난 풀밭에 이르면 그곳으로 활기차게 달려갑니다. 실컷 풀을 뜯어먹은 후에는 풀밭에 길게 눕습니다. 만족과 평온을 누리는 모습입니다. 푸른 풀밭에 누워 있는 양의 모습은 떠올리기만 해도 마음이 평안해집니다.

푸른 풀밭에 누워 있는 양은 그리스도인의 실존의 전형입니다. 결핍과 역경의 땅 광야에서 푸른 풀밭에 누울 수 있다니…. 뭔가 부럽습니다. 하지만 이것이 그리스도인의 모습입니다. 푸른 풀밭은 하나님의 현실이 임하는 곳을 상징합니다.

우리는 광야에서 얻지 못하는 것들을 푸른 풀밭에서 얻습니다. 푸른 풀밭은 하나님의 선하심이 풍성하게 돋아나는 곳입니다. 그곳에서 그리스도인들은 양들이 풀을 뜯는 것처럼 하나님의 선하심을 맛봅니다. 그곳에서 하나님의 선하심으로 인해 제공되는 자원을 풍성하게 공급받습니다. 그리고 그 풍부한 자원으로 생명이 풍성해지는 행복을 누립니다. 5절에서 푸른 풀밭은 음식이 넉넉하게 차려진 상으로 묘사됩니다. 풍성하게 돋아난 풀밭과 넉넉하게 차려진 음식은 완전한 행복을 상징합니다.

그리스도인은 푸른 풀밭에서 생명이 풍성해지는 행복을 누리는 사람입니다. 선한 목자를 자임하셨던 예수님은 (약탈자가 출몰하는) 광야-세상의 양들에게 풍성한 생명을 준다고 말씀하셨습니다.

> 도둑이 오는 것은 도둑질하고 죽이고
> 멸망시키려는 것뿐이요
> 내가 온 것은 양으로 생명을 얻게 하고
> 더 풍성히 얻게 하려는 것이라(요 10:10).

풍성한 생명은 선한 목자가 선사하는 푸른 풀밭의 선물입니다. 푸른 풀밭에서 목자의 사랑이 여러모로 나타납니다. 푸른 풀밭에 도착했지만 풀을 먹지 못하는 양이 있습니다. 짐승 소리에 놀라 풀을 먹지 못하고 불안하게 서성입니다. 목자는 조심스럽게 다가와 양을 품에 안고 같이 풀밭에 눕습니다. 양을 진정시킨 후에 풀을 먹게 합니다. 그리고 어린 양에게는 여린 풀을 뜯어다 주기도 합니다. 푸른 풀밭은 목자의 사랑의 손길을 따라 기름진 꼴이 풍성하게 제공되는 곳입니다. 선한 목자 예수님은 광야-세상의 양들에게 풍성한 생명을 선사하기 위해 그분의 생명을 바치셨습니다.

푸른 풀밭에 들어가서 선한 목자가 선사하는 풍성한 생명을 누리기 원하는 분들이 있을 것입니다. 광야-세상에서 결핍과 역경과 고초를 겪으며 몸과 마음이 상해서, 푸른 풀밭에서 누리는 행복이 절실한 분들이 있을 것입니다. 어떻게 푸른 풀밭의 행복을 누릴 수 있을까요? 어떻게 푸른 풀밭에 이를 수 있을까요? 3절에 기록되어 있듯이 목자가 앞장서서 걷는 "의의 길"을 따라가는 것입니다. "의의 길"은 앞장선 목자를 양들이 신뢰하면서 따라가는 길입니다. 목자를 따라가노라면 푸른 풀밭에 이르게 됩니다. 그리스도인은 날마다 선한 목자 예수님이 가신 길을 따라서 푸른 풀밭에 들어갑니다.

다윗이 시편 23편 2절에서 노래한 양은 목자의 사랑을 듬뿍 받으며 푸른 풀밭에서 무럭무럭 자라는 행복한 양입니다. 그리스도인은 푸른 풀밭에 길게 누울 때 그것이 하나님의 선하심이 선물한 행복임을 깨닫습니다. 그리스도인은 광야-세상에서 결핍과 역경에 시달리지만, 선한 목자가 인도한 푸른 풀밭에 들어가면 하나님의 선하심을 맛보고 누리게 됩니다. 푸른 풀밭에서 행복을 경험한 그리스도인은 계속해서 선한 목자의 사랑을 받으며 행복한 양으로 살고자 합니다.

행복을 위한 공동체

하나님의 선하심은 일차적으로 그리스도인 개인에게 나타나지만, 공동체를 통해서도 나타납니다. 하나님이 풍성하게 허락하신 자원들이 공동체를 통해서 효율적으로 분배될 수 있습니다. 푸른 풀밭의 기능을 감당하는 가정, 교회, 일터, 단체가 많아질수록 좀 더 많은 사람의 심신이 건강해지고 생활 전반이 풍요로워지는 복지를 누릴 수 있을 것입니다. 하나님의 선하심을 풍성하게 드러내어 복지를 실현하는 공동체, 푸른 풀밭 공동체가 많이 생겼으면 좋겠습니다.

 그러나 하나님의 선하심이 인간의 탐욕과 자연의 재난(가뭄과 홍수와 역병 등)으로 가려질 때가 자주 있습니다. 하나님의 통치 권한을 위임받은 작은 목자들sub-shepherds인 나라의 위정자들과 교회의 사역자들은 하나님이 풍성하게 허락하신 자원들을 탐욕과 재난에 희생된 사회적 빈자들과 약자들에게 적절하게 공급하는 데 힘써야 합니다.

> [주님은] 억눌린 사람들을 위해 정의로 심판하시며
> 주린 자들에게 먹을 것을 주시는 이시로다(시 146:7).

행복을 위한 양식

사람은 피조물이므로 잘 먹어야 합니다. 사람은 결핍된 자원을 양식을 통해서 충분하게 공급받아야 합니다. 식도락食道樂이라는 표현이 있을 만큼 사람에게 먹는 즐거움은 큽니다. 사람은 맛있게 먹을 때 만족하고 행복합니다. 만족스러운 식사는 하루의 고단함을 잊게 하고 새로운 힘을 줍니다. 미용을 위해서 절식을 하거나 스트레스로 입맛을 잃기도 하지만 사람은 기본적으로 맛있게, 충분히 먹어야 합니다. 맛있는 식사는 그 자체로 행복이자 에너지의 원천입니다.

오랜 세월이 지났는데도 유년 시절 조부모님을 따라 자주 방문했던, 부산 서면에 있는 한정식집의 불고기 맛을 아직도 기억합니다. 빨갛게 달구어진 숯불에 잘 구워진 고기 맛도 좋았지만, 신선로 모양의 그릇에 고여 있는 국물 맛은 꼬마 시절 저에게 그야말로 진미 중의 진미였습니다. 그때의 불고기 맛은 지금껏 기분 좋은 추억입니다.

먹는 즐거움을 알지 못하거나 충분하게 양식을 섭취하지 못한 사람은 피조물로서의 근본적인 욕구가 충족되지 않았기 때문에 행복하지 않습니다. 피조물은 지속적으로 자원이 고갈되므로 외부에서 자원을 공급받아야 합니다. 자원을 공급받고자 하는 것은 피조물의 근본 욕구이고, 이 욕구가 채워질 때 피조물은 만족합니다. 한 끼의 맛있는 식사로 만족할 수 있다면 그것은 피조물로서 큰 행복을 누리는 것입니다. 폭식, 과한 충족, 더 많은 소유, 더 많은 소비를 해야만 행복하다면 그것은 고장 난 피조물의 오작동일 것입니다.

양들은 푸른 풀밭에 있으면서 목자가 그들을 길게 누이는 자임을 알아 갑니다. 목자를 알아 갈수록 목자에 대한 신뢰가 커집니다. 푸른 풀밭은 하나님의 선하심으로 인해 그리스도인의 심신이 건강해지는 곳, 생명이 풍성해지는 곳입니다. 그곳에서 그리스도인은 행복을 누리며 하나님을 견고하게 신뢰하게 됩니다.

푸른 풀밭에서

미국 댈러스에 거주하고 있는 지인 부부는 10여 년 전에 투자 이민으로 미국에 왔습니다. 그러나 큰돈을 들여 투자한 부동산 프로젝트가 실패하면서 투자금도 회수하지 못했고 영주권도 얻지 못했습니다. 영주권을 얻지 못하면서 그 부부는 하루아침에 불법체류자 신분이 되었고, 자녀들은 우여곡절 끝에 유학생 신분으로 학교에 다닐 수 있었습니다. 불법체류자 신분이기에 운전면허 없이 10년 넘게 살아야 했고, 주택도 친척 명의로 구입해야 했습니다. 사업도 시민권을 가진 지인 명의로 했으며, 한국에도 다녀올 수 없었습니다. 미국에 거주하는 한인 불법체류자들은 영주권을 제2의 천국 티켓으로 여깁니다. 그만큼 그들에겐 영주권 취득이 절실합니다.

설상가상으로 그 지인의 딸은 난치병을 앓고 있었습니다. 십수 년 동안 그 가정에 풍파가 끊이지 않았습니다. 푸른 풀밭에 길게 누워 있는 양이 아니라 온갖 것에 쫓겨 서성이는 불안한 양의 형편으로 살았습니다. 그러나 그 부부는 역경 가운데서도 주님께서 반드시 살길을 열어 주시리라 신뢰했습니다. 주일성수는 물론 교회에서 중요한 직책을 맡아서 충성했습니다. 그리고 교우들을 수시로 집으로 초대해 음식을 대접하고 이민생활의 애환을 나누었습니다. 형편이 어려운 가정이 그들보다 사정이 나은 교우들을 섬긴 것입니다.

그리고 몇 해 전 그 부부의 아들이 미군에 입대하면서 미국 시민권을 얻게 되었고, 아들이 부모를 미국으로 초청하는 형식으로 드디어 영주권을 신청했습니다.

제게 인상적으로 남은 모습은, 그 부부가 10여 년 동안 온갖 역경 중에도 푸른 풀밭에 누워 있는 양처럼 평온한 모습을 유지한 것입니다. 불안해하거나 조바심을 내는 모습을 볼 수 없었습니다. 불법체류자 신분일 때나 영주권을 신청한 요즘이나 한결같이 평온한 모습입니다. 그 부부를 만나면 제 마음도 차분해질 만큼 많은 분에게 감화를 주며 살고 있습니다.

❹ 쉴 만한 물가

원기를 회복하는 자리

시편 23:2 하-3 상

쉴 만한 물가로 인도하시는도다.
내 영혼을 소생시키시고

He leads me beside still waters;
he restores my soul.

푸른 풀밭에서 시냇가로 장면이 바뀝니다. 목자는 양들을 쉴 만한 물가로 인도합니다. "쉴 만한 물가"는 '잔잔한still, quiet 물가'로 번역되기도 합니다. 풀밭으로 가기 위해 광야 길을 걷는 양들은 뙤약볕 아래서 지치고 목이 마릅니다. 이윽고 시냇물을 발견하지만 거세게 흐르는 물은 양들에게 두려움을 줍니다. 목자는 시냇물에 물길을 내어 물을 평평한 곳으로 돌리거나 돌과 자갈로 작은 댐을 만들어 요동치는 물을 가두고 잔잔하게 만듭니다. 그러면 양들이 다가와서 물을 마시고 갈증을 해소합니다.

원기회복의 자리

쉴 만한 물가는 지친 양들이 원기를 회복하는 곳입니다. 심한 일교차와 갑작스러운 돌풍과 위험한 길 등 광야의 열악한 환경에 노출된 양들은 쉽게 지칩니다. 그들에게는 쉴 만한 물가에서 얻는 원기회복refreshment이 필요합니다.

그리스도인들 역시 광야-세상에서 심신이 지칩니다. 결핍deficiencies이 자원의 고갈 때문에 온다면, 지침exhaustion은 반복되는 일과 열악한 환경, 긴장도 높은 대인관계 등에서 옵니다. 심신이 지치면 어느 순간 마음과 몸이 무너져 정신질환이나 신체질환을 앓을 수 있습니다. 그러므로 지친 상태를 방치하지 말고 제때제때 원기를 북돋아야 합니다. 그래야 건강한 심신으로 광야-세상을 살아 낼 수 있습니다. 더위와 이동에 지친 양들을 인도하는 쉴 만한 물가는 원기회복의 장소입니다.

광야 길을 가는 동안 지치고 병든 이들에게 하나님은 인자와 긍휼을 베풀어 그들을 치유하고 회복하며 새 힘을 주십니다.

> 그가 네 모든 죄악을 사하시며 네 모든 병을 고치시며
> 네 생명을 파멸에서 속량하시고
> 인자와 긍휼로 관을 씌우시며
> 좋은 것으로 네 소원을 만족하게 하사

네 청춘을 독수리같이 새롭게 하시는도다(시 103:3-5).

다윗은 시편 103편 4절에서 하나님이 그분의 백성에게 인자와 긍휼(자비)로 관을 씌우신다고 노래합니다. 하나님의 백성이 인자와 긍휼로 극진하게 보살핌을 받는 대상임을 뜻합니다. 하나님은 그분의 백성이 죄악과 병으로 파멸의 구덩이에 빠졌을 때 그대로 방치하지 않으시고 인자와 긍휼로 그들을 건져 올리십니다. 그리고 독수리의 날갯짓 같은 활력을 얻게 하십니다.

인자는 하나님의 백성이 악과 고난을 경험할 때 하나님이 나타내시는 신실하심이기에 '언약적 자비 covenant mercy'로 표현됩니다. 4절에는 인자와 긍휼(자비)이 나란히 함께 등장하는데, 이는 인자가 언약 안에서 드러나는 자비임을 보여 줍니다. '자비'는 히브리어로 '아기집(자궁)'과 어원이 같습니다. 임신부가 아기집에 들어 있는 태아의 태동을 감지하듯이 하나님은 세파에 지치고 병든 이들의 처지와 아픔에 공감하십니다. 그리고 그들을 파멸의 구덩이에서 건져 올리십니다.

쉴 만한 물가는 하나님의 인자(언약적 자비)가 고이는 곳을 상징합니다. 그곳에서 하나님의 백성은 죄 사함과 병 나음을

받고 독수리의 날갯짓 같은 활력을 얻습니다. 하나님의 인자하심을 누릴 수 있는 곳이면 어디나 쉴 만한 물가입니다.

쉴 만한 물 또는 잔잔한 물은 '고요한 시간quiet time'으로 연결 지을 수 있습니다. 고요한 시간은 하나님의 인자하심을 누리는 시간입니다. 예수님이 새벽 동틀 무렵 광야로 나가서 고요한 시간으로 들어가셨습니다. 그러므로 그리스도인도 이 고요한 시간 속에 머물되 특히 예수님처럼 새벽에 고요한 시간을 가지면 좋을 것입니다.

고요한 시간에는 성경(특별히 시편)을 묵상하면서 하나님의 자비를 구하는 기도를 드립니다. 하나님께서 그 시간에 자비를 베푸셔서 마음과 몸의 병을 고쳐 주시고 지친 심신에 독수리 날갯짓 같은 활력을 부어 주시도록 기도하는 것입니다. 새벽 들녘에 이슬이 내리듯이 고요한 시간에 하나님의 자비가 그리스도인의 몸과 마음에 촉촉하게 임할 것입니다.

악의 후유증을 치유받는 자리

쉴 만한 물가는 그리스도인이 원기를 회복하는 곳일 뿐만 아니라 광야-세상에서 경험하는 악의 후유증을 치유받는 곳입니다. 세상은 그리스도인들이 이해하기 어려울 정도의 악과 고난으로 뒤틀려 있습니다. 험한 세상에서 악의 침해를 받으면 그리스도인도 곧장 무력해집니다. 악의 침해를 받았다면 반드시 나음을 얻어야 합니다. 그렇지 않으면 악의 후유증에 심하게 시달리게 됩니다.

악은 사람의 생명을 해치는 모든 것으로서 기원을 알 수 없는 이상한 힘입니다. 신학자이자 작가인 루이스 스미디즈 Lewis Smedes는 악을 불필요악과 필요악으로 구분합니다.

> 세상에는 불필요한 악이 훨씬 많지만 필요악도 있습니다. 치과 의사의 드릴이나 외과 의사의 칼은 사람에게 고통을 주지만 그것이 사람의 생명을 살리기에 필요악입니다.
> (*Love within Limits*, 82.)

또한 루이스 스미디즈는 악을 의도적인 악과 비의도적인 악, 그리고 우연적인 악으로 구분합니다.

> 의도적인 악이 도덕적인 악이라면, 비의도적인 악은 자연적인 악입니다. 의도적인 악은 마귀와 사람들에 의해 자행

되는 것입니다. 의도적인 악은 강도와 테러처럼 사람의 생명을 의도적으로 해치는 것입니다. 비의도적인 악은 태풍이나 지진이나 쓰나미 같은 자연이 초래하는 악입니다. 의도적인 악과 비의도적인 악 사이에 우연적인 악이 있습니다. 그것은 사람이 의도하지 않았음에도 저질러지는 악입니다. 교통사고나 건축 현장에서 벽돌이 떨어지는 사고 같은 경우입니다. (*Love within Limits*, 82.)

의도적인 악이든 비의도적인 악이든 우연적인 악이든, 악을 경험한 사람은 그의 생명에 타격을 입습니다. 그리스도인이 원치 않게 악을 경험하고 생명에 타격을 입었을 때 악으로 인한 내상을 치료해야 합니다. 쉴 만한 물가는 광야 인생길에서 악의 침해를 받았을 때(광야의 강렬한 햇살과 뜨거운 열풍이 상징하는 것처럼) 그 내상을 치료하는 곳입니다.

악의 경험은 방사선 피폭과 유사합니다. 방사선 피폭이 사람의 몸을 완전히 망가뜨리는 것처럼 악의 경험이 그리스도인을 전면적으로 흔들어 놓습니다. 악의 피폭이 얼마나 무서운지는 'AP 통신'이 보도한 방사선 피폭에 대한 기사만 보아도 알 수 있습니다.

1961년 6월 4일에 K-19라는 소련 핵잠수함이 북대서양에서 훈련을 하고 있을 때 핵반응로를 식히는 냉각수 파이프가 터졌습니다. 핵반응실의 온도가 순식간에 섭씨 60도로 올라갔고 방사선이 마구 쏟아져 나오기 시작했습니다. 핵반응로가 냉각되지 않아 터지게 되면 바다가 방사선으로 오염될 형편이었습니다. 선장인 니콜라이 자테에프는 핵반응실에 들어가 냉각 시스템을 수리할 자원자들을 병사들 가운데서 모집했습니다. 자원자들은 세 명씩 팀을 이루어 5-10분씩 교대로 작업했습니다. 그들은 레인코트와 가스마스크만 착용하고 핵반응실에 들어갔습니다.

첫 번째로 들어갔던 자원자들은 5분 만에 핵반응실에서 뛰쳐나왔고 가스마스크를 벗어 던지고 토하기 시작했습니다. 자원자들이 계속해서 교대로 핵반응실로 들어가 냉각수 파이프를 교체하는 데 성공했고 핵반응로는 터지지 않았습니다. 그러나 방사선은 핵반응실에 들어갔던 병사들을 망가뜨렸습니다. 그들의 피부가 붉어지고 부풀어 올랐습니다. 그들의 이마와 머리에 붉은 반점들이 나타났습니다. 두 시간이 안 되어 핵반응실에 들어갔던 병사들이 의식을 잃기 시작했습니다. 8일 만에 8명이 죽었고, 2년 안에 14명이 차례로 죽었습니다.

'방사선 피폭radiation poisoning'이 핵잠수함의 병사들을 망가뜨린 것처럼 '악의 피폭evil poisoning'이 그리스도인을 망가뜨립니다. 악이 방사선처럼 그리스도인 안에 들어오면 피해의식, 자기연민, 증오, 원한, 보복심을 만들어 내고 악을 경험한 특정한 시점에 얽매이게 합니다. 그때 그 사건, 그때 그 사람에게 항상 붙들려 있게 합니다. 악으로 인해 현재가 행복하지 않고 미래가 회색빛이 됩니다.

악은 피폭당한 사람의 현재와 미래를 파괴합니다. 방사선 피폭은 피폭당한 사람만 파괴하지만, 악의 피폭은 피폭당한 사람이 주체가 되어 또 다른 악을 저지르게 합니다. 이것을 '악의 전염evil contamination'이라고 합니다. 악에 대한 증오가 그 사람을 악으로 만들 수 있습니다. 심리학자 칼 융은 "눈으로 악을 보면 영혼 속에 있는 악에 불이 붙는다"라고 했습니다.

악의 피폭으로 인해 악에 전염되는 것을 '전사introjection'라고 합니다. 어려서 부모에게 학대를 받은 아이가 성인이 되어 가정을 이루면 자녀를 학대한다고들 합니다. 폭력의 악순환spiral of violence은 대표적인 악의 전염 사례입니다.

악의 경험은 방사선이 내 몸 안에 들어오는 것처럼 악이 내 안에 들어오는 것입니다. 들어왔다가 그냥 나가는 법이 없습니다. 악을 경험했다면 내 안에 들어온 악을 씻어 내는 작업을 해야 합니다. 이 과정은 방사선 피폭을 당한 사람을 치료하는 과정과 흡사합니다. 방사선 피폭 치료는 화상 치료와 유사합니다. 탈수를 막기 위해 전해질을 보충하고 수액을 공급하고 여러 가지 보충치료를 합니다.

그리스도인이 악에게 침해당했을 때도 이와 유사한 치료를 받아야 합니다. 하나님의 인자가 수액처럼 몸과 마음에 들어오게 해야 합니다. 하나님의 인자는 악에게 침해당한 그리스도인을 치유하는 강력하면서도 부드러운 힘입니다. 악이 사람을 해치는 기원을 알 수 없는 이상한 힘이라면, 하나님의 인자는 사람을 살리는 신비로운 힘입니다. 악이 방사선처럼 사람의 영혼을 태우는 불이라면, 하나님의 인자는 영혼을 소생시키는 잔잔한 물입니다. 하나님의 인자가 악으로 뜨거워진 영혼을 식히고 악으로 더럽혀진 영혼을 정화합니다. 하나님의 인자가 악의 피폭으로 인한 오염을 씻어 냅니다. 이것은 신비로운 체험입니다.

쉴 만한 물가는 그리스도인이 하나님의 인자하심을 누리면서 악의 후유증을 치유받는 곳입니다. 악에 오염된 그리스도인의 심신이 해방되어 고요해지고 잔잔해집니다. 그리스도인은 수시로 쉴 만한 물가로 나아가 하나님의 인자를 누려야 합니다.

예수님처럼 우리 또한 고요한 시간에 하나님께 나아가 하나님의 인자하심이 몸과 마음에 임하기까지 기도드릴 수 있으면 좋겠습니다.

"인애하신 주님, 저를 불쌍히 여기시고 악에서 구하옵소서."

쉴 만한 물가에서

소녀의 길고긴 슬픔

저희 교회에 교우들을 헌신적으로 섬기던 집사님이 있었습니다. 그분은 새벽기도에 힘썼습니다. 저의 짧은 설교가 끝난 뒤 다 같이 기도할 때 그분은 자주 흐느껴 울었고 때로는 통곡을 했습니다. 혹시 건강에 문제가 있는 건 아닌지, 가정에 문제가 생긴 건 아닌지 몹시 걱정을 했습니다.

친교실에서 차를 마시며 대화할 기회가 있어서 기도 중에 슬프게 우는 사연을 물었습니다. 그분은 어릴 때 아버지에게 매를 맞던 모습이 기도 중에 자주 떠올라 슬프고 고통스럽다고 대답했습니다. 저는 며칠간 그분을 마음에 두고 기도한 후에 다시 만나 권면했습니다. "부친에게 매를 맞는 어린 소녀를 떠올리세요. 그리고 예수님께 그 소녀를 품에 꼭 안아 달라고 부탁하세요." 그 이후로 그 집사님은 울지 않았습니다. 그리고 본인도 아들에게 자주 매를 들었는데 그것도 사라졌다고 했습니다.

그분의 남편은 성인 반열급의 호인이어서 아내의 허물을 있는 그대로 받아 주었습니다. 그는 아내가 변화된 것이 고마워서였는지 주일학교 교사로 자원해 충성스럽게 교회를 섬겼습니다. 그 집사님은 부친에게 받지 못한 사랑을 남편에게서 받았습니다. 그 가정은 제가 교회 사역을 마치기 한참 전에 다른 주로 이사를 했는데, 그곳에서도 주님을 충성스럽게 섬기고 있습니다.

하늘을 마시다 Drinkig the Sky

칠레에 있는 춘군고 Chungungo 마을에서는 물이 귀금속만큼 귀합니다. 그 지역은 매우 건조해서 수마일 떨어진 곳에서 물을 실어 와야 합니다. 최근까지 일인당 하루에 4갤런(1갤런은 약 3.8리터)의 물을 쓸 수 있었습니다. (미국인은 일인당 하루에 90갤런의 물을 씁니다.) 그 마을은 물 구입 비용이 가구 수입의 10퍼센트에 달했고, 목욕은 사치였습니다.

물을 얻기 위해 고안된 새로운 방법으로 과학자들이 실험을 했습니다. 그 결과, 지금은 춘군고 마을에 거주하는 330명의 주민들은 엘 토포 El Tofo 산의 높은 정상에서 얻은 신선한 물을 마십니다. 로버트 슈머나우어 Robert Schemenauer 박사의 지도하에 캐나다의 구름 물리학자들과 연구진들이 유칼립투스 지지대에 촘촘하게 짜인 프로필렌 그물을 걸었습니다. 한 개의 그물은 퀸사이즈 침대 커버 8개 크기였고, 75개의 그물이 태평양에서 끊임없이 몰려오는 구름을 걸러서 물을 모았습니다.

거기에 사용된 그물들은 아주 작은 삼각형 모양으로 짜인 프로필렌 섬유를 촘촘하게 엮은 것입니다. 유리에 이슬이 맺히듯이 안개로부터 아주 작은 물입자가 섬유에 모입니다. 만 개의 물입자가 모여서 눈물방울 크기의 물이 됩니다. 그물 한 개에 하루 40갤런의 물이 모입니다. 엘 토포 산 정상에 세워진 75개의 그물을 통해 흘러가는 구름과 안개로부터 하루 3,000갤런의 물이 걸러져서 모입니다. (*Contemporary Illustrations*, 265 참고.)

때때로 우리 삶이 춘군고 마을의 척박한 땅처럼 메마르게 느껴질 때가 있습니다. 그때 우리에게 필요한 것은 하늘에서 내려오는 이슬을 포집하는 영적인 그물일 것입니다.

새벽 시냇가

아이오와 주립대학 박사후과정 post doctorate program에 참여하기 위해 미국에 와서, 제가 섬기던 교회에 등록한 집사님 가정이 있었습니다. 남편 집사님은 그곳에 온 지 얼마 되지 않은 시점에 지도교수에게 능력을 인정받아 연구를 하면서 강의도 하게 되었습니다. 주중에는 학생들을 가르치기 위한 강의 준비와 연구를 해야 했고, 주말에는 밀린 연구를 해야 했습니다. 부인 집사님이 운전을 못 하는 터라 남편 집사님이 자녀들을 방과후 활동에 데려다 주고, 식료품을 구입할 때도 꼭 부인과 함께 가야 했습니다. 곁에서 보기에도 과부하가 걸리지 않을까 염려될 만큼 그 집사님은 날마다 벅찬 일정을 소화하고 있었습니다.

그럼에도 그 집사님은 하루를 새벽기도로 시작했습니다. 그분과 했던 대화를 제 설교 노트에 기록한 것이 있어서 짧게 나눕니다.

그분은 새벽기도회에 참여해서 기도하다 보면 그날 처리해야 할 과제의 순서, 만나는 사람들과의 관계, 강의와 연구의 핵심과제 등이 일목요연하게 정리가 된다고 했습니다. 새벽기도를 위해 일찍 일어나서 잠이 부족하지 않느냐고 물었더니, 오전에 주요 과제를 해결하지 않으면 다른 일들까지 마무리하지 못하기 때문에 새벽부터 오전 시간까지가 가장 중요하다고 했습니다. 또 피터 드러커의 책 《프로페셔널의 조건》에서 영감을 얻어, 그날의 과제 열 가지를 메모하고 그중에 주요 과제 두 가지를 오전에 마치려고 노력한다고 했습니다. 새벽기도는 그 모든 과제를 해낼 수 있는 내적인 힘을 얻는 시간이라고 말했습니다.

현재 그분은 박사후과정을 훌륭하게 마치고 유수한 대학

의 교수로 부임해서 연구와 강의에 전념하고 있습니다. 지금도 새벽에 기도하면서 새 힘을 얻고 하루의 방향을 정하고 있지 않을까 생각합니다. 그분에게는 새벽기도 시간이 쉴 만한 물가였던 것입니다.

❺ 의의 길

목자를 신실하게 따르는 자리

시편 23:3 하
___

자기 이름을 위하여 의의 길로 인도하시는도다.

He leads me in right paths for his name's sake.

양은 종종 길을 잃습니다. 어떤 양은 좋아하는 풀을 따라가다가 무리에서 벗어납니다. 뒤처진 양은 양무리를 찾아 헤매다가 가시에 찔리기도 하고 뱀을 밟기도 하고 구덩이에 빠지기도 합니다. 이탈한 양은 배회하는 맹수의 먹이가 될 수도 있습니다.

목자가 없으면 양의 '무리'도 위험에 빠집니다. 목자가 없으면 우두머리 양이나 앞장선 양을 따라가는데, 집으로 돌아오는 길을 잃어버리고 엉뚱한 곳으로 가기도 합니다. 터키에서는 목자의 인도를 받지 못한 양무리가 앞장선 양을 따라가다가 차례로 벼랑 아래로 떨어져서 1,500마리가 죽은 사건도 있습니다.

광야에는 희미하게 보이는 여러 종류의 길이 있습니다. 거세게 부는 바람에 의해서 있던 길이 사라지기도 하고 없던 길이 만들어지기도 합니다. 목자는 어느 길이 푸른 풀밭으로 가는 길이고 어느 길이 집으로 돌아오는 길인지 압니다. 목자가 있는 양들은 앞장선 목자를 따라서 푸른 풀밭과 우리를 안심하고 왕래합니다. 목자가 인도하는 길이 의의 길, 즉 바른길 right paths(NRSV), paths of righteousness(NIV)입니다. 목자를 따라 길을 걸으면 풍성하게 꼴을 얻을 수 있고 안전하게 집으로 돌아올 수 있습니다. 목자가 인도하는 의의 길을 날마다 걸으면서 양들은 목자를 더욱 신뢰하게 됩니다.

의의 길은 양들이 묵묵히 목자를 따라가는 길입니다. 의의 길은 목자가 앞장선 길이고 양들이 뚜벅뚜벅 뒤따르는 길입니다. 그 길의 도상에서 신뢰가 자라고, 그 길 끝에 푸른 풀밭의 양식이 있습니다.

우리는 "의의 길 paths of righteousness"이라는 표현에 주목해야 합니다. '의義. righteousness'는 언약의 당사자들이 서로에게 언약적 의무를 다하는 것입니다. 목자와 양은 언약으로 결속된 하나님과 하나님의 백성의 관계를 이미지로 나타낸 것입니다. '목자-하나님'이 '양-하나님의 백성'에게 드러내는 의, 즉 언약적 의무는 선하심과 인자하심으로 양들을 보살피는 것입니다. 그리고 양-하나님의 백성이 목자-하나님에게 드러내는 의, 즉 언약적 의무는 목자를 신뢰하고 따르는 것(의지하는 것)입니다. '목자-하나님'과 '양-하나님의 백성'

이 함께 의의 길을 걸을 때, 즉 서로에게 언약적 의무를 다할 때, 푸른 풀밭의 행복과 하나님의 집에서의 안식이 선물처럼 하나님의 백성에게 주어집니다.

의의 길은 목자가 "자기 이름을 위하여" 걷는 길입니다. 이름이 널리 알려지는 것은 명예를 얻음을 뜻합니다. 목자가 한 마리의 양도 잃어버리지 않고 모든 양을 의의 길로 인도해서 복스럽게 양육할 때, 동료 목자들이나 마을 사람들에게서 선한 목자라는 칭송을 받습니다. 선한 목자는 양들을 의의 길로 인도하는 사람입니다. 예수님은 "나는 선한 목자"라고 하시며 양들, 즉 하나님의 백성의 풍성한 생명을 위해서 목숨을 내놓는다고 하셨습니다(요 10:11). 예수님은 양들을 의의 길로 인도하는 선한 목자임을 자임하셨습니다.

의의 길에서 목자-하나님은 선하심과 인자하심을 드러내고 양-하나님의 백성은 그분을 신뢰하고 따릅니다. 하지만 목자를 따라 의의 길 걷기를 거부하고 이리저리 광야를 헤매는 양은 위험과 파멸에 처할 수밖에 없습니다. 광야로 나간 양은 가시에 찔리고 뱀에게 물리고 독풀에 중독되고 구덩이에 빠질 수 있습니다.

만일 그리스도인이 목자를 따라가는 의의 길을 버리고 거친 광야를 헤맨다면 어떤 모습을 하게 될까요? 마가복음

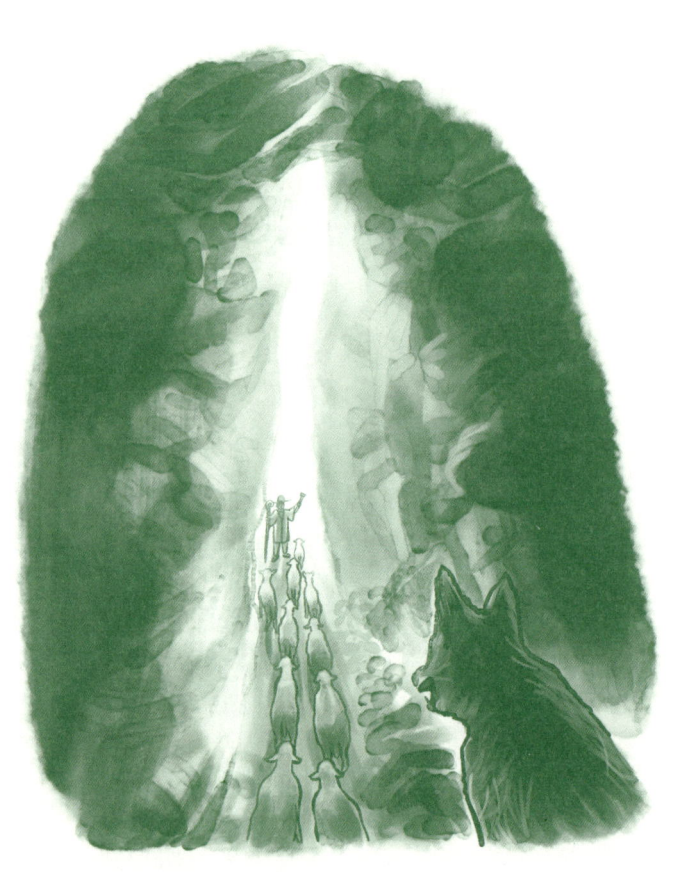

7장 21-22절에 기록된 예수님의 말씀에 따르면 "음란과 도둑질과 살인과 간음과 탐욕과 악독과 속임과 음탕과 질투와 비방과 교만과 우매함"에 떨어집니다. 이러한 행실들은 광야-세상에서 방황하면서 이리저리 찔리고 할퀴고 넘어지고 시달린 결과입니다. 이러한 행실은 선한 목자가 선사하는 선하심과 인자하심으로 인한 행복(1절)과 안식(6절)과 배치되는 것들로서 개인의 안위(심적·신체적 건강)와 공동체의 평화를 위협하고 해칩니다. 여기에 오늘날의 도박, 마약, 약물 중독 등을 추가할 수 있을 것입니다.

의의 길은 목자가 날마다 양들과 함께 걸으면서 본을 보이는 길이기도 합니다. 예수님은 선한 목자로서 선하심과 인자하심을 제자들에게 베푸셨고, 마침내 십자가의 길을 걸음으로써 선한 목자의 책무를 다하셨습니다. 예수님이 신실하게 목자의 길을 가셨기에 그리스도인도 신실하게 양의 길을 가게 됩니다. '양-제자의 길discipleship'은 '선한 목자-주님의 길Lordship'을 따르는 것입니다. 주님의 길을 따르는 제자의 길이 때로 거칠고 험난할 수 있지만, 선하심과 인자하심을 받아 누리면서 푸른 풀밭의 행복과 하나님의 집의 안식에 이르는 길이기에 소망 가운데 즐거워하며 그 길을 걸을 수 있습니다.

그리스도인의 일상daily life은 세속의 길을 따르거나 종교적 관습에 안주하는 것이 아니라 의의 길을 걷는 것입니다. 그리스도인은 날마다 선한 목자를 따라 의의 길을 걸으면서 선하심과 인자하심으로 제공되는 푸른 풀밭의 행복과 하나님의 집의 안식을 누립니다.

목자를 따르는 길에서

제가 섬기던 교회에 한국 본사에서 미국 지사 주재원으로 파견되어 온 집사님 가정이 있었습니다. 회사가 소재한 도시 인근에 한인 교회가 없어서 100킬로미터나 떨어진 우리 교회로 그 가족이 매 주일 출석을 했습니다.

그 집사님 가정은 미국에 체류하는 2년여 동안 우리 교회 구성원의 다수를 차지하는 청년 교우들에게 주님을 섬기는 제자의 모습을 보여 주었습니다. 그 부부는 언제나 겸손했습니다. 우리 교회 구성원 가운데서 연배가 있는 편이었지만 스스럼없이 청년들과 어울렸습니다. 특히 교우 중에 있는 직장 동료들을 직장 상사로서 대하지 않았습니다. 주일에 폭설이 예보되면 하루 전에 교회가 있는 도시에 와서 머물면서 주일예배를 준비했습니다. 맡은 직분에 헌신했고 교회 행사에 빠지지 않았습니다. 그리고 자녀들을 반듯하게 양육해서 많은 성도에게 귀감이 되었습니다.

저는 이 가족을 생각할 때마다 솟아나는 맑은 샘물이 떠올랐습니다. 이 맑고 투명한 영성이 어디서부터 흘러온 것일까? 얼마 지나지 않아서 그 근원을 알게 되었습니다. 남편 집사님의 부친이 한경직 목사님과 동역했던 영락교회의 장로이셨고, 자녀들까지 한경직 목사님을 존경하는 집안이었습니다. 그분의 부친이 제게 선물한 〈한경직 목사 설교전집〉을 읽으면서 한경직 목사님 재임 시절의 영락교회의 영성이 이 가족에게 흘러온 것이 아닐까 생각하게 되었습니다.

저는 한경직 목사님의 가르침을 책으로밖에 접하지 못했지만, "기독교는 첫째도 겸손이고, 둘째도 겸손이고, 셋째도 겸손입니다"라고 했던 그 말씀을 마음에 새기고 있습니다. 그리고 〈한경직 목사 설교전집〉 가운데서 십자가를 제목으로 한 설교가 유난히 많은 것을 보게 되었습니다. 그러면서 예수 그리스도께서 가신 길, 십자가의 길, 그 겸손을 배우고자 했던 한경직 목사님의 영성이 이 가정에 대를 이어 수십 년 동안 솟아나고 있는 것은 아닐까 하는 생각을 했습니다.

선한 목자가 걷는 의의 길, 그 길을 따라 걷는 제자들이 어떻게 변모하는지 한경직 목사님과 그 동역자 가정이 보여주었습니다.

❻ 죽음의 골짜기

악과 고난에서 해방되는 자리

시편 23:4

내가 사망의 음침한 골짜기로 다닐지라도
해를 두려워하지 않을 것은 주께서 나와 함께 하심이라.
주의 지팡이와 막대기가 나를 안위하시나이다.

Even though I walk through the darkest valley,
I fear no evil; for you are with me;
your rod and your staff—they comfort me.

4절은 시편 23편의 절정입니다. 시의 구조도 그렇고 시의 전개 면에서도 그렇습니다. 양-하나님의 백성을 온 정성을 다해 보살피는 목자-하나님의 진면목이 이 부분에서 강렬하게 나타납니다.

장면이 바뀌어 목자와 양무리가 골짜기에 들어섭니다. 여기서 말하는 골짜기는 양편 계곡 사이의 협곡 ravines을 말합니다. 협곡에 도사리는 위험은 급류와 맹수입니다. 갑작스러운 폭우로 인해 그곳에 급류가 흐를 수 있습니다. 또 한낮에도 짙은 그늘이 드리워져 바위틈에 맹수들이 숨어 있을 수 있습니다. 이 위험한 협곡을 시인은 '죽음의 그림자가 짙게 드리운 골짜기 the valley of the shadow of death(KJV)'(개역개정에는 "음침한 골짜기"라고 번역되어 있다)라고 표현합니다. 양무리가 생명을 지탱하기 위한 양식을 얻으려고 푸른 풀밭을 오고 가는 길에 죽음의 골짜기 valley of death가 있다는 것은 하나의 신비입니다. 양들이 속한 광야는 생명과 죽음이 지척인 곳입니다.

저는 몇 해 전 겨울을 미국 캘리포니아주의 광활한 광야 wilderness에서 보냈습니다. 말을 기르는 목장과 복숭아 과수원이 드문드문 있는 해발 1,000미터가 넘는 곳이었는데, 지인이 그곳에 집을 짓고 살고 있어서 그 댁에서 몇 달간 머물렀습니다. 전형적인 광야 기후여서 밤낮으로 일교차가 컸고, 잘 지은 집인데도 가끔 돌풍이 불어 집을 흔들어 놓곤 했습니다.

하루는 사암으로 된 꽤 높은 언덕을 산책하고 돌아오고 있었습니다. 겨울 우기에 폭우로 인해 급류가 흐르고 있어서 개울 위 외나무다리를 조심스레 건너야 했습니다. 날이 저물고 있었는데 무심코 선글라스를 쓴 채 다리를 건너다가 그만 발을 헛디며 다리 아래로 떨어졌습니다. 바닥에 몸을 심하게 부딪혀 의식이 가물가물했습니다. 쓰러져 있는 얼굴로 젖은 흙과 물이 들이닥쳤습니다. '아, 이렇게 죽을 수 있겠구나' 싶었습니다. 다행히 의식이 돌아왔고, 몸을 추스를 수 있었습니다. 광야에서 제대로 쓰러져 보니 주변이 온통 흙이었습니다. 그날 저도 흙의 일부로 돌아갈 뻔했습니다. 광야는 흙의 세계이며 생명과 죽음이 지척인 곳임을 온몸으로 체험한 하루였습니다.

목자를 따라 평온하게 협곡을 지나다니던 양들에게 다채로운 색상의 협곡이 죽음의 골짜기로 돌변할 때가 있습니다. 협곡에 급류가 밀려오고 그늘진 바위에서 맹수의 기척을 감지할 때 양들은 죽음을 예감합니다. 그리스도인도 느닷없이 달려드는 급류와 맹수를 만날 수 있고 죽음에 이를 수도 있습니다. 숙환과 역병과 사고와 재난과 범죄와 전쟁 등으로 죽게 되는 것입니다. 시편 23편을 지은 시인은 죽음에 이르게 하는 것을 '악한 것evil'(개역개정에는 "해害"라고 번역되어 있다)이라고 부릅니다. 양들에게 급류와 맹수가 죽음의 세력이라면 사람에게는 악과 고난이 죽음의 세력입니다. 악은 생명을 해치는 세력입니다. 신학자 톰 라이트N. T. Wright는 악에 대해 이렇게 말합니다.

> 악은 반창조와 반생명의 세력, 즉 공간과 시간과 물질로 된 하나님의 선한 세계와 무엇보다 하나님의 형상을 지닌 사람이라는 피조물을 압제하고 훼손하며 파괴하려는 세력입니다. (*Evil and the Justice of God*, 89.)

고난은 피조물이 망가지고 부패하는 과정입니다. 하나님

이 선한 창조로 만드신 사람이 악과 고난으로 인해 죽음에 이르게 됩니다. 협곡에서 급류와 맹수가 양들을 덮칠 때 목자는 강렬하게 그들에게 현존합니다.

> 해[악한 것]를 두려워하지 않을 것은
> 주께서 나와 함께 하심이라.
> 주의 지팡이와 막대기가 나를 안위하시나이다(시 23:4).

목자는 급류에 떠내려가는 양을 끝이 구부러진 지팡이로 건져 올립니다. 그리고 맹수를 만난 양이라면 날카로운 금속이 달린 막대기를 맹수에게 던져서 양을 보호합니다. 지팡이와 막대기는 목자의 현존(보호와 안위)을 상징하는 도구입니다.

평소에 목자는 지팡이를 이용해 구덩이에 빠진 양을 들어 올리기도 하고 벼랑에 걸린 양을 끌어올리기도 합니다. 무리에서 뒤처진 양이라면 지팡이로 당겨서 무리 가운데로 들어오게 합니다. 그리고 목자는 아침에 우리를 나서는 양들의 털을 막대기로 헤집어서 영양 상태와 피부 상태를 살핍니다. 양들이 푸른 풀밭을 떠나서 우리로 돌아오기 전에 목자는 양무리를 막대기 아래로 지나게 해서 양의 숫자를 세고(레 27:32) 낙오된 양이 있는지 확인합니다. 이렇듯이 목자의 지팡이와 막대기는 양의 복지를 위한 도구이지만, 양의 생명이 경각에 달렸을 때는 양을 구출하는 강력한 도구가 됩니다.

협곡에서 급류와 맹수가 양들을 덮칠 때 목자가 강렬하게 그들에게 현존하는 것처럼 하나님은 그리스도인이 악과 고난에 시달릴 때 강렬하게 그에게 현존하십니다.

> 그가 네 모든 죄악을 사하시며 네 모든 병을 고치시며
> 네 생명을 파멸에서 속량하시고
> 인자와 긍휼로 관을 씌우시며
> 좋은 것으로 네 소원을 만족하게 하사
> 네 청춘을 독수리같이 새롭게 하시는도다(시 103:3-5).

하나님은 그분의 백성이 생명의 위협을 받을 때 인자와 긍휼(자비)로 보살핍니다. 하나님은 그분의 백성이 죄악과 질병으로 파멸의 구덩이에 빠졌을 때 인자와 긍휼로 그 생명을 건져 올리십니다. 그리고 독수리의 날갯짓 같은 활력을 얻게 하십니다.

마침내 그리스도인이 피조물로서 흙으로 돌아가는 순간

이 옵니다. 죽음은 그리스도인이 지상에서 겪는 마지막 고난입니다. 하나님은 그리스도인이 지상에서 숨을 거두는 마지막 고난의 자리에 현존하십니다. 하나님은 그에게 인자하심을 영원부터 영원까지 베푸십니다(시 103:17). 하나님이 흙의 피조물성을 지닌 그리스도인을 인자하심으로 대하시는 것은 다시는 악과 고난에 지배당하지 않는 새로운 피조물로 만들기 위함입니다. 그러므로 그리스도인이 흙으로 돌아가는 것은 지상에서 소멸하는 것이 아니라 악과 고난에서 해방되는 과정이며, 흙의 피조물성을 벗고 불멸하는 새로운 피조물성을 덧입는 과정입니다.

그리스도인도 죽음에 이르게 하는 악과 고난, 그 파멸의 구덩이가 두려울 수 있지만, 하나님이 그분의 백성에게 인자하심을 영원부터 영원까지 베푸시기에 우리는 죽음의 공포를 넘어서게 됩니다. 하나님은 흙으로 만들어졌다가 부서져서 다시 흙으로 돌아가는 그리스도인을 품에 안듯이 인자하심으로 우리를 보듬어 에워쌉니다. 하나님의 인자하심은 생명 싸개(삼상 25:29)이자 생명의 보금자리입니다. 지팡이와 막대기로 보호하는 목자의 현존으로 인해 양들이 죽음의 골짜기에서 위로를 누리듯이, 인자하심으로 영원부터 영원까지 돌보시는 하나님의 현존으로 인해 그리스도인도 죽음의 골짜기에서 위로(혼돈에서 방향을 찾을 때 오는 평정심)를 누립니다.

그리스도인의 사생관

시편 23편 4절의 강조점은 하나님의 현존—인자하심—에 있지 죽음이나 죽음의 세력, 악과 고난에 있지 않습니다. 하지만 우리는 언젠가 한 번은 맞닥뜨리게 될 죽음에 대한 견해와 죽음을 대하는 태도를 정립해 두면 좋을 것입니다.

사람들은 죽음을 예견하는 것만으로도 심란하기에 대체로 죽음을 떠올리려 하지 않습니다. 그러나 생자필멸生者必滅이라는 말처럼 사람은 언젠가 죽음을 직면하기에 미리 죽음의 문제를 정리해 놓으면 좋습니다. 죽음에 대한 태도가 현재의 삶에 지대한 영향을 미치기 때문에 '사생관死生觀'이란 말이 생겼습니다. 고대부터 현대까지의 사생관을 크게 네 가지로 구분할 수 있을 것입니다. 곧 허무주의, 쾌락주의, 죽음으로의 도피, 영생불사의 희구입니다.

이 네 가지 사생관 중에서 허무주의가 현대인에게 가장 널리 퍼져 있는 듯합니다. 허무주의는 "죽음이 존재의 끝이다"라는 입장으로서 죽음을 존재의 소멸로 봅니다. 허무주의는 사람이 죽으면 무로, 즉 의식의 소멸(의식의 바다에 합류하거나 무의식의 바다에 가라앉음)과 함께 무기물과 유기물로 돌아가기에 인생은 허무하다는 것입니다. 죽음이 인생의 끝이기에 인생은 일장춘몽一場春夢이라는 입장입니다. 죽음으로 존재가 무로 돌아간다고 보는 지난 세기 서구의 실존주의자들은 성실을 모토로 삼았습니다. 그들에게는 죽는 날까지 성실하게 사는 것이 무로 돌아가는 인생의 의미입니다. 사는 날 동안 성실하게 살다가 지인들에게 기억되는 것이 인생의 의미입니다. 이를 '성실한 허무주의'라고 이름할 수 있을 것입니다.

또 하나의 사생관인 쾌락주의는 허무주의에서 파생한 것입니다. 쾌락주의는 인생이 무상無常하기에 사는 날 동안 먹고 마시고 놀고 즐기자는 것입니다. 사도 바울의 지적처럼 허무주의와 쾌락주의는 쉽게 어깨동무를 합니다. "죽은 자가 다시 살아나지 못한다면 내일 죽을 터이니 먹고 마시자 하리라"(고전 15:32). 쾌락주의는 '타락한 허무주의'라고 이름할 수 있을 것입니다.

또 다른 사생관은 죽음을 고단한 삶의 도피처로 여기는 것입니다. "이렇게 사느니 차라리 죽는 게 낫다"라는 태도입니다. 현실이 각박하고 힘들어서, 때로 너무 억울한 일을 당해서 죽음으로 도피하는 이들이 있습니다. 이것은 개인적인 자살이나 집단적인 자살로 나타납니다. 자살은 죽음을 고단한 삶의 도피처로 삼는 것입니다. 자살의 다른 형태인 자결은 억울하게 침해당한 인격의 존엄성에 대한 항거로 행해지기도 하고, 비방이나 험담, 억울한 누명에 대한 결백의 표시로 행해지기도 합니다. 자살이든 자결이든 그것은 삶의 끈을 놓는 것이고, 죽음으로 도피하는 것입니다.

또 하나의 사생관은 죽음을 피해서 영생불사하려는 것입니다. "늙으면 죽어야지" 하는 말이 나이 지긋한 이들의 대표적인 거짓말이라고 합니다. 영생불사의 추구는 고대 이집트와 그리스, 그리고 중국을 비롯한 대부분의 문명권에서 찾아볼 수 있습니다. 영생불사의 희구는 고대에서는 사체보존(미라), 영혼불멸설, 불사약으로 나타났고, 현대에서는 보약, 사체냉동보관, 복제, 두뇌의 기억회로를 컴퓨터 파일로 저장하려는 시도로 나타납니다. 그러나 지금까지 죽음을 피해서 영생불사한 사람은 아무도 없습니다.

위에서 열거한 네 가지 사생관에 한 가지 공통점이 있습니다. 그것은 죽음을 피하지 못하고 죽음이라는 대세에 굴복하는 것입니다. 죽음이 피할 수 없는 운명이 되어 현재의 삶에 지대한 영향을 미칩니다. 베토벤의 〈운명교향곡〉 서곡처럼 죽음이 득달같이 들이닥쳐서 삶을 전면적으로 흔들어 놓습니다.

그런데 사도 바울은 고린도전서 15장에서 이상의 네 가지 사생관과는 전혀 다른 사생관을 제시합니다. 바울은 그리스도인의 사생관을 '선한 창조의 회복'이라는 관점에서 언급합니다. 하나님의 선한 창조는 인간의 타락과 함께 파괴되기 시작했고, 예수님에 의해 다시 회복됩니다. 사도 바울은 선한 창조의 파괴가 죽음(허무) 또는 소멸(부패)이고, 선한 창조가 파괴되는 과정이 고난이라고 하며(롬 8:18-23), 파괴된 선한 창조가 회복되는 시점이 있을 것이라고 말합니다.

> 보라, 내가 너희에게 비밀을 말하노니
> 우리가 다 잠 잘 것이 아니요
> 마지막 나팔에 순식간에 홀연히 다 변화되리니
> 나팔 소리가 나매
> 죽은 자들이 썩지 아니할 것으로 다시 살아나고
> 우리도 변화되리라(고전 15:51-52).

바울은 천군천사가 불어 대는 나팔소리(왕의 도착을 알리는 신호)가 울려 퍼지는 때에, 파괴되던 선한 창조가 눈 깜짝하는 극히 짧은 순간에 급격히 회복될 것이라고 말합니다. 파괴되던 선한 창조가 급격하게 회복되는 특수한 시점을 가리켜 '존재의 임계점臨界點'이라고 할 수 있습니다. 임계점은 다른 계界, state로 넘어가는 지점입니다. 그 존재의 임계점에서 긴 시간 동안 파괴되던 선한 창조가 급격하게 회복될 것입니다.

선한 창조의 파괴가 진행되는 계의 상태를 사자성어로는 생자필멸生者必滅, 생로병사生老病死, 흥망성쇠興亡盛衰라 하고, 성경의 용어로는 '고난'이라고 합니다. 사람은 선한 창조의 파괴가 진행되는 계를 벗어날 수 없습니다. 즉 악과 고난과 그로 인한 죽음을 피할 수 없습니다. 그러나 나팔소리가 진동하는 존재의 임계점에서 새로운 계가 발생하여 죽은 자의 몸이 부활합니다. 달리 말해 파괴되던 선한 창조가 회복됩니다. 그때 인간의 역사적 경험인 악과 고난이 사라지고 죽음도 사라질 것입니다.

역사 속에서 선한 창조의 회복이 한 번 일어난 적이 있는데 바로 예수님의 부활입니다. 예수님의 부활은 존재의 임계점에서 발생할 격변을 선취한 사건이자 미래에 일어날 격변에 대한 선명한 예표입니다. 사도 바울은 고린도전서

15장 마지막 절들에서 그리스도인의 사생관을 요약해서 언급합니다.

> 우리 주 예수 그리스도로 말미암아
> 우리에게 승리를 주시는 하나님께 감사하노니
> 그러므로 내 사랑하는 형제들아, 견실하며 흔들리지 말고
> 항상 주의 일에 더욱 힘쓰는 자들이 되라.
> 이는 너희 수고가 주 안에서
> 헛되지 않은 줄 앎이라(고전 15:57-58).

그리스도인의 사관死觀은 고난과 죽음이 사라진 선한 창조의 회복을 대망하는 것입니다. 그리스도인의 생관生觀은 허무주의, 쾌락주의, 죽음으로의 도피, 영생불사를 추구하지 않고 주의 일에 힘쓰는 것입니다. 주의 일은 선한 창조를 회복하는 주 예수 그리스도의 과업에 동참하는 것입니다.

그리스도인의 궁극적 위로

그리스도인으로서 분명한 사생관을 지녔다 해도 죽음 자체가 커다란 스트레스가 된다는 것은 부인하기 어렵습니다. 죽음은 사랑하는 이들과의 이별, 그리고 친숙했던 모든 것과의 단절을 가져오고, 그로 인한 슬픔과 무력감과 미련과 회한 등에 사로잡히게 합니다. 죽음 앞에서의 감상이 그러하기에 그 모든 것을 상쇄할 만한 주님의 위로가 절실합니다. 지상에서의 생을 마감하는 그리스도인에게 필요한 위로가 무엇일까요? 성경은 악과 고난이 사라지고 선한 창조로 회복된 새로운 세계를 이야기하는 한편, 더 나은 세계에서 사랑하는 사람들과의 재회를 약속합니다.

> 우리가 예수께서 죽으셨다가 다시 살아나심을 믿을진대
> 이와 같이 예수 안에서 자는 자들도
> 하나님이 그와 함께 데리고 오시리라(살전 4:14).

죽음은 그리스도인이 지상에서 겪는 마지막 고난입니다. 그리고 그 자리에 선한 목자 우리 주님이 현존하십니다. 양들이 목자와 함께 죽음의 골짜기를 지나서 푸른 풀밭에 이

르듯이, 그리스도인은 선한 목자 주님과 함께 죽음의 골짜기를 지나서 빛과 생명으로 충만한 세계에 이르게 됩니다.

> 내가 사망의 음침한 골짜기로 다닐지라도
> 해[악한 것]를 두려워하지 않을 것은
> 주께서 나와 함께 하심이라.
> 주의 지팡이와 막대기가 나를 안위하시나이다(시 23:4).

그리스도인이 지상에서 마지막 숨을 몰아쉴 때 선한 목자 주님이 그 자리에 함께 하여(그리스도인이 상상하지 못한 형태의 현존으로) 그를 빛나는 천성으로 인도하실 것입니다. 이것이 그리스도인에게는 궁극적인 위로입니다. 그리스도인이 죽음이라는 마지막 고난을 겪으며 지상에서의 생을 마감할 때 이렇게 기도하면 좋을 것입니다.

"자비로우신 주님, 저와 함께 하시며 저를 인도해 주세요. 제가 선한 목자 주님을 신뢰하고 의지합니다."

그러면 나와 함께 하시는 선한 목자를 발견하게 될 것입니다. 내가 아무것도 할 수 없는 그 순간은 전적으로 선한 목자, 주님의 시간이 될 것입니다.

부활의 기적으로 살다

죽음 이후의 부활과 관련하여 C. S. 루이스의 생각을 옮겨 보겠습니다.

> 다음으로 고려해야 할 점은 부활을 단지 영혼 불멸에 관한 증거로만 여겨서는 안 된다는 것입니다. 물론 이것은 오늘날 종종 그렇게 여겨지고 있습니다. 나는 어느 사람이 "부활의 중요성은 그것이 생명의 존속survival을 증명하는 것이다"라고 말하는 것을 들었습니다. 그러한 견해는 전혀 신약의 언어와 일치하지 않습니다. 그러한 견해를 따르면 그리스도는 단지 모든 사람이 죽을 때 경험하는 것을 경험한 것에 지나지 않을 것입니다. 부활은 실제로 발생되어 진행되어 왔던 것에 대한 새로운 증거였다고 주장하는 박약한 제안이 성경에는 없습니다.
>
> 신약의 저자들은 그리스도께서 죽은 자 가운데서 살아난 것을 우주의 전 역사에서 첫 번째 사건인 것처럼 말합니다. 그는 '첫 열매'이고, '생명의 개척자the pioneer of life'입니다. 그는 첫 사람이 죽은 후에 굳게 잠겨 있던 문을 열어젖혔습니다. 그는 '죽음의 왕the King of Death'을 만났고, 싸웠

고, 물리쳤습니다. 그리스도께서 그렇게 하심으로써 모든 것이 달라졌습니다. 이것은 새로운 창조의 시작입니다. 우주 역사의 새로운 시기 a new chapter가 열렸습니다. (*Miracles*, 150.)

해방된 자리에서

금년 초에 저의 막내아우가 급성 심정지로 별세했습니다. 아우는 태어날 때 우량아였는데 세 살 무렵에 소아마비를 앓고서 한쪽 다리를 절었습니다. 평생을 장애인으로 고난을 안고 살았습니다. 청년 시절, 대학생 선교 단체를 통해 그리스도인이 되었습니다.

장례식을 앞두고 세 형들이 아우에게 작별인사를 겸한 추모의 글을 남겼습니다. 그 글을 여기에 실어 봅니다.

우리의 아우 김진성을 떠나보내며

자정이 두 시간가량 지난 시각에 한국의 김 선생으로부터 카톡 메시지를 받았습니다. 뜻밖에 막내아우가 지인들과 교제하는 중에 심정지로 쓰러져 위급하다는 소식이었습니다. 기도 부탁을 받고 주님의 도우심을 구했습니다. 곧이어 의사로부터 사망통지가 있었다는 비보를 받았습니다. 참으로 마음을 가누기 어려웠습니다.

김진성… 김진성 박사….

어려서 귀엽고 총명한 아우였습니다. 부모와 형들의 사랑을 듬뿍 받으면서 해맑게 웃던 사랑스러운 아우였습니다. 소아마비로 한쪽 다리를 절면서도 속으로 울음을 삼켰고, 여덟 살 어린 나이에 모친과 사별하고서도 항상 밝은 모습을 하던 한없이 착한 소년이었습니다. 사정상 고교에 진학하지 못했지만, 검정시험을 통과해서 한양대학교 화학과에 진학했습니다. 그 무렵 그를 극진히 아끼던 부친과 사별했습니다.

어려운 여건에서도 박사과정을 마치고 미국의 아이오와 주립대학 화학과와 찰스턴 소재의 연구소에서 연구원으로 일하면서 실력과 경험을 쌓았습니다. 3년 정도 지나서 한국으로 돌아와 대덕의 한국화학연구소에서 일하면서 생의 황금기를 보냈습니다. 전공분야뿐만 아니라 다방면에서 다재다능했던 김진성 박사가 좋은 환경에서 그 진가를 발휘하지 못한 것이 못내 아쉽습니다.

장애인으로서 몸과 마음으로 힘들고 서러운 일이 많았을 텐데 크게 내색하지 않았습니다. 언제나 남을 배려하고 도우려 했으며 좋은 것은 나누려 했습니다. 항상 외아들을 자랑스러워했고, 아들 앞에서는 언제나 자상하던 아들 바보였습니다.

이제 이생의 무거운 짐을 내려놓고 주님의 품에 안겼습니다. 그곳에서 지상에서 누리지 못했던 지복과 안식을 누리고 있을 줄 압니다. 그리고 언제나 막내아들로 인해 마음 아파하던 부모님을 만나 재회의 기쁨을 나누고 있을 줄 압니다. 아우를 지상에서 떠나보내는 형들에게는 작별의 슬픔이 클 수밖에 없습니다. 언젠가 그날에, 빛으로 충만한 그곳에서 재회의 포옹을 할 수 있기를 바랍니다.

미국에 있어서… 최근에는 경황이 없어서… 아우를 몸과 마음으로 가까이하지 못했던 것이 못내 아쉽고 미안합니다. 김 선생이 가까이 있으면서 미국의 형들 몫까지 수고해 주어서 너무나 고맙고 한편으로 미안합니다.

우리의 친애하는 아우 김진성… 김진성 박사….
네 형제 중에 가장 복스럽게 생겼었지. 너의 미소는 참 멋있었다.
이제 몸과 마음으로 힘들고 서러웠던 것들을 다 내려놓고 그곳에서 편히 쉬기 바란다. 그리고 꽃들이 만발한 푸른 벌판을 마음껏 달려보기 바란다.
그래, 좋은 날에 우리 다시 만나자.

❼
성찬, 기름, 넘치는 잔

환대의 자리

시편 23:5

주께서 내 원수의 목전에서 내게 상을 차려 주시고 기름을 내 머리에 부으셨으니 내 잔이 넘치나이다.

You prepare a table before me in the presence of my enemies; you anoint my head with oil; my cup overflows.

목자는 협곡에서 급류의 위험이나 맹수의 습격을 받아 두려움에 떨던 양들을 지팡이와 막대기로 보호한 후에 그들을 안전하게 푸른 풀밭으로 인도합니다. 목자는 푸른 풀밭을 단지 먹는 장소가 아니라 크게 고생한 양들을 환대하는 자리로 만듭니다. 맹수들이 양들을 포기하지 않고 따라와서 지켜보고 있지만 목자는 양들이 마음껏 풀을 즐기도록 그들을 보호합니다. 다윗은 이것을 목자가 음식을 풍성하게 베푸는 것으로 묘사합니다.

주께서 내 원수의 목전에서
내게 상을 차려 주시고(시 23:5).

"상table"을 차리는 것은 음식을 풍성하게 베풂을 뜻합니다. 고대 유목민의 관습에서 볼 때 손님에게 음식을 베푸는 것은 주인의 너그러움과 정성을 표시하는 행위였습니다. 맹수에게 쫓기며 두려움에 떨었던 양들에게 목자는 성찬盛饌을 베풀어 그들을 따뜻하게 환대합니다.

환대hospitality는 (흙처럼) 부서지고 (풀처럼) 시들고 (흩어지는 양처럼) 넘어진 자the fragile를 일으켜 세워 자활하도록 돕는 것입니다. 목자는 생명의 위협을 받았던 양들에게 성찬을 베풀어 그들의 생명을 풍성하게 합니다. 목자는 맹수에게 한낱 먹잇감으로 내몰렸던 양들을 반가운 손님처럼, 소중한 친구처럼 대합니다. 그리고 양의 머리에 기름을 붓습니다. 이것은 맹수의 습격을 받아 흩어지면서 가시에 찔리거나 넘어져서 다친 상처를 치유하는 행위입니다. 한편 머리에 (향기로운) 기름을 붓는 것은 잔치에 초대받은 손님을 주인이 환대하는 행위라고 해석하는 학자들도 있습니다. 목자가 맹수의 먹잇감으로 내몰렸던 양에게 기름을 발라 치료하는 것도 양을 소중하게 대하는 환대의 행위이니 전자나 후자나 해석에 별 차이가 없다고 저는 생각합니다.

협곡에서 맹수의 위협과 푸른 풀밭에서 목자의 환대가 사뭇 대조됩니다. 또한 협곡에서 생명의 위협과 푸른 풀밭에서 생명의 풍성함도 대조됩니다. 그리스도인도 악과 고난으로 인해 맹수에게 쫓기듯 생명의 위협을 받으면 순식간에 부서지고 시들고 넘어진 자가 됩니다. 광야-세상에서, 특히 죽음의 골짜기에서 그리스도인의 실존의 면면이 그러합니다. 그러나 선한 목자 우리 주님은 파멸의 구덩이에서 생명을 건져 올리시고 그 머리에 인자와 긍휼로 관을 씌우십니다(시 103:4). 인자와 긍휼의 관은 환대의 표시입니다. 그리스도인은 광야에서, 죽음의 골짜기에서 부서지고 시들고 넘어지지만 선한 목자 우리 주님께서 인자와 긍휼로 그를 환대하시기에 독수리의 날갯짓 같은 활력을 누립니다(시 103:5).

다윗은 선한 목자 하나님의 환대를 받고서 "내 잔이 넘치나이다"라고 노래합니다. 하나님이 베푸시는 환대의 잔치는 부서지고 비워진 실존을 생명으로 풍성하게 채우는 자리입니다. 거기서는 잔이 비워지는 법이 없습니다. 풍성하게 차려진 식탁과 가득 채워진 잔은 풍성한 생명과 그로 인한 행복을 상징합니다. 광야-세상에서 그리스도인이 피조물로서 부서지고 비워지는 경험을 하지만 하나님이 그를 환대하셔서 그의 생명을 풍성하고 활력 있게 만드십니다.

그리스도인은 악과 고난을 겪으면서 인생의 잔이 비워지지만 하나님은 인자와 긍휼을 베푸셔서 풍성한 생명으로 그 잔을 채우십니다. 성경은 하나님이 비우시는 분이 아니라 채우시는 분임을 증언합니다. 오염된 별, 병든 행성에서 억

조창생億兆蒼生은 수많은 악과 고난을 겪으면서 이리저리 부서지지만, 하나님은 인자와 긍휼로 그들을 돌보십니다. 그리스도인은 부서지고 시들고 넘어지고 비워지는 가운데 하나님의 인자하심을 받아 누리면서 다시 채워지는 경험을 합니다.

고대의 사막 교부들과 현대의 사막 수사들은 사막 한가운데에 있는 종신 수도원에 들어가서 세상과 단절된 채 자신을 비웠습니다. 사막의 교부들과 수사들은 악과 고난에 의해서가 아니라 스스로 고행을 자초하여 인생의 잔을 비웠습니다. 그들은 밤이면 사막 한가운데로 들어가서 아직 온기가 남아 있는 넓은 모래밭 위에 두 팔을 벌려 눕습니다. 그리고 하늘을 바라보고 누워 쏟아지는 별빛 속에서 하나님의 인자하심과 긍휼을 발견하고 누렸습니다. 그들은 스스로를 비웠지만 하나님은 인자와 긍휼로 그들을 채우셨습니다. 악과 고난으로 텅 비어진 그리스도인의 삶을 하나님께서 인자와 긍휼로 채우셔서 새로운 피조물로 살아가도록 하는 것이 그리스도인의 궁극적인 위로입니다.

먹잇감을 노리는 원수의 목전에 마련된 성찬은 악과 고난에서 해방되어 누리는 안식의 향연입니다. 안식은 생명을 말살하는 폭압적인 구조에서 벗어나서 생명의 보금자리에 들어갈 때 누리는 것입니다. 안식은 악과 고난에서 해방시키시는 하나님의 통치의 산물이며, 하나님이 이룩하신 승리를 송축하는 축연을 수반합니다. 예수님은 하나님나라가 안식의 나라임을 선포하셨습니다.

> 수고하고 무거운 짐 진 자들아, 다 내게로 오라.
> 내가 너희를 쉬게 하리라.
> 나는 마음이 온유하고 겸손하니
> 나의 멍에를 메고 내게 배우라.
> 그러면 너희 마음이 쉼을 얻으리니
> 이는 내 멍에는 쉽고 내 짐은 가벼움이라(마 11:28-30).

선한 목자 예수님이 가져오시는 하나님나라는 그리스도인이 악과 고난에서 해방되는 안식처이자 생명의 보금자리입니다.

선한 목자의 환대를 받고 "내 잔이 넘치나이다"라고 노래한 다윗의 감격은 그리스도인의 실존에 대한 절묘한 묘사입니다. 그리스도인은 하나님의 인자와 긍휼을 덧입은 풍성한 생명으로 인생의 잔이 가득 채워지는 사람입니다. 그리스도인이라 할지라도 몸과 마음이 부서지고 비워질 때면 하나

님은 우리에게 무관심하고 우리를 방치하는 분이며, 심지어 우리가 소중히 여기는 것들을 빼앗아 가는 분이라고 여길 수 있습니다. 그 결과, 광야에서 길을 잃고 방황하는 양처럼 혼돈에 휩싸입니다. 이러한 그리스도인의 광야 체험은 피조물성에서 기인한 것입니다.

하지만 하나님은 부서지고 비워진 그리스도인의 실존을 풍성한 생명으로 채우시는 분입니다. 그리스도인이 지상에서 낡은 피조물성을 벗을 때 다시는 부서지고 비워지지 않는 새로운 피조물성을 덧입게 될 것입니다. 하나님은 인자와 긍휼로 풍성한 생명을 베풀어 그리스도인의 인생의 잔을 가득 채우십니다.

그리스도인이 하나님으로부터 알게 모르게 "때를 따라 돕는 은혜"(히 4:16)로 받아 누린 인자와 긍휼의 총화가 평생에 걸쳐 경험한 악과 고난을 압도할 것입니다. 다윗은 하나님의 환대로 인해 그의 인생의 잔이 채워지다 못해 넘친다고 노래합니다. 다윗은 악과 고난을 넘어 안식을 누리게 하신 선한 목자를 찬양합니다.

환대의 자리에서

나그네 환대

제가 섬기던 교회는 나그네들의 교회였습니다. 성경에서 "나그네*paroikos*"는 '집을 떠난 사람' 또는 '집을 잃은 사람'을 뜻합니다. 우리 교회 구성원은 한국에서 온 대학생, 대학원생, 연구원, 방문교수, 주재원, 그리고 그들의 가족이 대부분이었습니다. 그리고 다른 주에서 온 대학생과 몇몇 직장인, 아이오와 주립대학 교수들과 그 가정들까지 대체로 나그네들로 이루어졌습니다. 그러다 보니 교우들은 서로 환대하며 교제를 나누었습니다. 고향을 떠나 이역만리에 온 나그네들이 어려움 없이 정착할 수 있도록 교우들은 공항 마중, 수강 신청, 계좌 개설, 자동차 구입, 가구 구입 등을 대가 없이 도왔습니다.

아울러 매주 금요일 저녁, 찬양시간과 성경공부로 모일 때면 집사님 가정들이 순번을 정해서 저녁을 준비했습니다. 정성 들여 만든 음식이 풍성하게 제공되었습니다. 한 주간의 과업을 마친 나그네들이 이 시간을 기다렸고 맛있는 음식과 교제를 즐겼습니다. 친구 따라 처음 교회에 방문한 이들도 엄마의 손맛이 느껴지는 한국 음식을 즐기면서 점차 교회의 일원이 되었고, 세례를 받는 이들도 생겼습니다.

주일예배 후의 오찬도 구역별(목장별)로 음식을 준비해서 학문과 연구에 전념하는 나그네들에게 풍성하게 제공했습니다. 주일예배와 오찬은 심신이 지친 나그네들에게 활력을 되찾게 하는 시간이었습니다.

또한 주부 나그네들을 자주 집으로 초대해 오찬이나 간식, 차를 나누는 가정이 있었습니다. 맛있는 음식과 대화와 기도가 있는 그 초대의 자리는 주부 나그네들에게 오아시스와 같은 곳이었습니다. 저마다 간절한 기도제목을 지닌 주부들이 그 모임을 통해 힘을 얻기도 하고 삶의 방향을 찾기도 했습니다. 그곳에는 눈물을 쏟는 기도가 있었고 치유와 회복이 있었습니다. 저는 이러한 환대의 자리가 지치고 쓰러진 교우, 상처 나고 아픈 교우들에게 얼마나 큰 위로가 되는지를 목격했습니다.

대학촌에 갓 도착한 나그네 가정들을 집으로 초대해 만찬을 나누면서 자녀들의 학교 입학을 비롯해 미국 사회에 정착하는 데 도움이 되는 여러 정보를 제공하고, 그들을 기도로 따뜻하게 격려하는 가정도 있었습니다. 그 환대의 자리는 이들을 교회로 초청하는 전도의 자리이기도 했습니다. 그 가정을 통해서 많은 나그네가 예수님의 제자가 되었습니다.

하나님의 선하심과 인자하심이 풍성한 음식과 따뜻한 격려로 실현되는 환대의 현장을 저는 여러 차례 보았습니다.

선한 사마리아인 친구

제가 미국으로 이민 와서 얼마 되지 않았을 때, 출석하던 교회에서 한 교우를 알게 되었습니다. 저와 연배가 비슷한 분이었는데, 제게 먼저 말을 걸어오며 미국 정착에 도움을 주고 싶다고 했습니다. 그는 한국의 유수한 대학에서 국문학을 전공했고 미국에 와서 글을 쓰고 있었습니다. 이런저런 이유로 가족이 없었고, 수입이 일정하지 않은 터라 교회 건물에 있는 작은 방 하나를 거처로 사용하고 있었습니다. 우리는 신앙과 조국의 현실에 대해 대화하면서 친구가 되었습니다.

그는 외로웠는지 저와 자주 대화하고 싶어 했습니다. 저는 신학공부 중에 시간을 내어 틈틈이 그의 거처를 방문했으며, 때로 그가 저희 집에 와서 식사를 하기도 했습니다. 그는 간암 말기 환자였고, 어느 때부터인가 삶에 초연했습니다. 저를 포함해서 만나는 모든 이를 따뜻하게 대했고 작은 일에도 도움을 주려 했습니다. 얼마 후 그는 지상에서의 남은 생을 정리하기 위해 하와이의 지인에게로 떠났고 우리의 짧은 만남과 우정도 끝이 났습니다.

  그가 떠나고 몇 달 후 하와이에서 전화가 걸려왔습니다. 그의 지인의 전화였습니다. 그가 저에게 작별 인사를 남겼으며, 편안하게 저세상으로 떠나갔다고 했습니다. 저는 그의 몸이 쇠약해지고 부서지는 과정을 지켜보았습니다. 아울러 그의 연약한 몸속에 하나님의 은혜로 빚어진 예수님의 형상이 들어 있는 것도 감지했습니다. 그가 들려주었던 빛나는 신앙의 언어들과 희망의 단어들이 지금도 생생하게 기억납니다. 그의 몸은 부서져서 흙으로 돌아갔지만, 그의 잔은 여전히 생명과 희망으로 가득 채워져 있을 것입니다.

❽ 하나님의 집

우리의 영원한 안식처

시편 23:6

내 평생에 선하심과 인자하심이 반드시 나를 따르리니 내가 여호와의 집에 영원히 살리로다.

Surely goodness and mercy shall follow me all the days of my life, and I shall dwell in the house of the LORD my whole life long.

시인은 광야-세상에서 악과 고난이 맹수처럼 늘 그를 뒤쫓고 있다고 여겼습니다. 그런데 목자-하나님의 환대를 받고 보니 정작 그를 뒤따르고 있던 것은 하나님의 선하심과 인자하심이었음을 알게 되었습니다. 이제 시인은 하나님이 과거로부터 지금까지 그러했듯이 앞으로도 선하심과 인자하심으로 환대하실 것을 신뢰합니다.

시편 23편 6절의 다윗의 노래는 환대로 나타난 하나님의 사랑에 대한 확고한 신뢰입니다. 부서지고 시들고 넘어지고 비워지는 일개 피조물을 신실하고 자애롭게 돌보시는 사랑, 죽음의 세력(악과 원수로 표현됨)에서 강력하게 보호하시는 사랑, 부서지고 망가져서 텅 빈 인생의 잔을 풍성한 생명으로 흘러넘치도록 채우시는 사랑에 대한 진술입니다. 다윗은 일개 피조물을 신실하고 자애롭게 돌보시는 하나님의 압도적인 사랑을, 하나님의 환대와 하나님의 현존이라는 시상으로 표현합니다. 다윗은 그의 삶의 전 과정이 하나님의 사랑으로 고무되고 격려를 받아 왔음을 자각합니다. 다윗은 그가 광야에서 비바람을 맞으며 떨고 있는 가련한 양이 아니라 생명의 보금자리에서 뛰노는 복스러운 양임을 실감합니다.

광야의 바람과 협곡의 급류와 맹수의 습격에 시달리던 양들이 목자가 마련한 우리에 돌아와서 안도하듯이 이제 시인은 선한 목자의 집에서 안식을 누립니다. 여기서 안식은 푹 쉰다는 의미 이상입니다. 안식은 악과 고난에서 해방되고 결핍이 해소되었을 때 누리는 평정 상태입니다. 그리고 안식은 악과 고난과 결핍에서 해방을 가져오신 하나님의 승리를 기념하고 송축하면서 하나님의 완벽한 통치 아래 있음을 확인하는 것입니다.

하나님이 시인에게 베푸신 선하심과 인자하심이 그가 평생토록 겪은 결핍과 악과 고난에서 벗어나게 하고 안식을 주었습니다. 이제 시인은 하나님의 집에 영원히(오래도록) 거하면서 안식을 누리고자 합니다. 양에게 하나님의 집은 목자가 항상 현존하는 우리이겠지만(목자는 밤에도 양들과 함께 우리 입구에서 잠을 잡니다), 하나님의 백성에게는 천지간에 하나님이 현존하시는 모든 곳이 될 것입니다. 하나님이 베푸시는 선하심과 인자하심은 하나님이 그분의 백성에게 현존하

는 방식입니다. 목자가 양을 푸른 풀밭으로 인도해서 양식을 풍성하게 얻게 하고 막대기와 지팡이로 양을 보호하고 인도하듯이, 하나님은 그분의 백성에게 선하심으로 결핍된 자원을 풍성하게 채워 주시고, 인자하심으로 그들을 악과 고난에서 해방시켜 주십니다. 이제 시인은 하나님의 현존을 상징하는 하나님의 집에 거하면서 그곳에서 항상 나타나는 하나님의 선하심과 인자하심을 누리며 안식에 들어가기를 원합니다.

시인은 1절에서 하나님을 "나의 목자"라고 고백했으며, 6절에서는 "하나님의 집"에 거하고자 합니다. 시인은 하나님에 대한 신뢰로 시작해서 신뢰로 노래를 마칩니다. 그 사이에 사람의 현실과 하나님의 현존이 대비되어 표현됩니다. 시편 23편은 광야에서, 죽음의 골짜기에서, 눈물 골짜기에서, 파멸의 구덩이에서 양들에게 현존하는 선한 목자와 그를 신뢰하는 양을 노래합니다. 시인은 선한 목자가 "나의 목자"이며 자기는 목자를 신뢰하고 따르는 양이라고 노래합니다. 또한 하나님을 신뢰하기에 만족하게 되고(1절) 안식을 누리게 된다(6절)고 노래합니다.

오래전 하나님을 신뢰하며 하나님의 사랑을 노래한 시인 다윗의 위대한 진술이 오늘을 사는 그리스도인의 노래가 되고 기도가 되면 좋겠습니다. 오늘의 각박한 현실에 너무 매몰되지 않았으면 좋겠습니다. 사람의 현실은 시대마다 양상이 다르게 나타나지만 그 내용은 언제나 동일합니다. 사람의 피조물성으로 인한 결핍(자원의 고갈과 수명의 제한)과 그 결핍을 해소하기 위해 맹수처럼 쟁투하면서 서로에게 악과 고난을 만들어 내는 것입니다. 사람의 피조물성을 극복하는 것이 하나님의 선하심과 인자하심입니다. 사람의 현실을 압도하는 하나님의 현실에 주목한다면 그리스도인들은 비록 광야 인생길을 걷는다 하더라도 생명의 보금자리에서 누리는 안식을 경험하게 될 것입니다.

다윗이 하나님을 신뢰하여 부른 노래가 우리의 노래가 되고 우리의 기도가 되면 좋겠습니다. 우리도 다윗처럼 하나님을 신뢰하면서 우리에게 현존하시는 하나님의 사랑, 그 선하심과 인자하심으로 인해 만족하고 안식할 수 있으면 좋겠습니다.

이 책을 따라 시편 23편을 애송하신 분들께 하나님에 대한 신뢰를 아름답게 노래한 찬송가 〈주는 나를 기르시는 목자〉의 가사로 축복의 인사를 대신합니다.

못된 짐승 나를 해치 못하고

거친 비바람 상치 못하리
나의 주님 강한 손을 펼치사
나를 주야로 지켜 주신다
주는 나의 좋은 목자 나는 그의 어린 양
철을 따라 꼴을 먹여 주시니
내게 부족함 전혀 없어라 (찬송가 570장 3절)

맺음말

생명의 언어들

저는 청년 시절까지 스스로 고난의 사람이라 여겼습니다. 우리 세대 대부분이 그러했듯이 크고 작은 역경이 끊이지 않았습니다. 집안 형편 때문에 포기했던 대학을 우여곡절 끝에 들어가게 되었고, 그곳에서 예수님을 만났습니다. 만약 예수님을 만나지 못했더라면 고난을 넘어서지 못했을 것입니다. 신세, 운명, 염세, 비관, 한탄… 이런 단어를 떠올리며 살았을 것입니다.

신앙 초년생일 때 요한복음을 읽는데 빛, 생명, 은혜와 같은 낯선 단어들이 신선하게 다가왔습니다. 창세기를 읽으면서 발견한 선한 창조, 하나님의 형상, 복 등과 같은 밝은 느낌의 단어들이 좋았습니다. 로마서와 사도행전을 읽으면서는 복음과 사명을 알게 되었습니다. 마가복음을 읽으면서는 하나님나라와 예수님의 생애에 관심을 두게 되었습니다. 고난에 짓눌렸던 자아가 생명을 지시하는 언어들을 따라 해방된 것입니다.

시편 23편은 고난당한 자를 어루만지는 위로의 글입니다. 힘들고 지칠 때, 이 시를 읽고 찬양하는 것만으로도 위로가 되고 힘이 되었습니다. 선하심과 인자하심이라는 낱말들을 떠올리는 것만으로도 해방이 되었습니다. 그 언어들을 입에 담아 기도할 수 있다니… 그보다 더 좋을 수가 없었습니다. 알지 못했던 생명의 언어들을 듣게 된 것은 오직 주님의 은혜였습니다.

저는 예수님의 제자로 살면서 행복을 누렸고 안식을 누렸습니다. 앞으로도 오래도록 누릴 수 있기를 원합니다. 그리고 이렇게 좋은 것들을 널리 알리고 싶습니다. 여러모로 부족한 제 글이 많은 분들, 특별히 광야 인생길에서 병들고 지치고 약해진 분들을 선한 목자가 선사하는 행복과 안식으로 안내하면 좋겠습니다.

참고도서

Bailey, Kenneth E. *The Good Shepherd: A Thousand-Year Journey from Psalm 23 to the New Testament*, Downers Grove, IL: IVP Academics, 2014. 《선한 목자》새물결플러스)

Beeke, Joel R. *The Lord Shepherding His Sheep*, Grand Rapids, MI: Reformation Heritage Books, 2015.

Bland, Dave and Fleer, David. (eds.). *Performing the Psalms*, St. Louis, MS: Chalice Press, 2005.

Boff, Leonardo. *The Lord is My Shepherd: Divine Consolation in Times of Abandonment*, New York, NY: Orbis Books, 2006.

Brueggemann, Walter. *Praying the Psalms: Engaging Scripture and the Life of the Spirit*, Eugene, OR: Cascade Books, 2007. 《시편의 기도》CLC)

_____, *Remember You Are Dust*, Eugene, OR: Cascade Books, 2012.

_____, and Bellinger Jr., W. H. *Psalms*, New York, NY: Cambridge University Press, 2014.

Burge, Gary M. *The Bible and the Land: Ancient Context,*

Ancient Faith, Grand Rapids, MI: Zondervan Academic, 2009.

Burnett, Joel S. *Where is God?: Divine Absence in the Hebrew Bible*, Minneapolis, MN: Fortress Press, 2010.

Dalferth, Ingolf U. (ed.). *The Presence and Absence of God: Claremont Studies in the Philosophy of Religion, Conference 2008*, Tübingen, Germany: Mohr Siebeck, 2009.

Feld, Edward. *Joy, Despair, and Hope: Reading Psalms*, Eugene, OR: Cascade Books, 2013.

Gan, Jonathan. *The Metaphor of Shepherd in the Hebrew Bible*, Lanham, MD: University Press of America, 2007.

Jipp, Joshua W. *Saved by Faith and Hospitality*, Grand Rapids, MI: Eerdmans, 2017. 《환대와 구원》 새물결플러스)

Laniak, Timothy S. *Finding the Lost Images of God: Uncover the Ancient Culture, Discover Hidden Meanings*, Grand Rapids, MI: Zondervan, 2012.

_____, *Shepherds After My Own Heart: Pastoral Traditions and Leadership in the Bible*, Downers Grove, IL: IVP, 2006.

_____, *While Shepherds Watch Their Flocks*, Franklin, TN: Carpenter's Son Publishing, 2007. 《양을 돌보는 참 목자》 킹덤북스)

Lefevre, Perry. *Understandings of Prayer*, Philadelphia, PN: The Westminster John Knox Press, 1981.

Levenson, Jon D. *The Love of God: Divine Gift, Human Gratitude, and Mutual Faithfulness in Judaism*, Princeton, NJ: Princeton University Press, 2016.

Lucado, Max. *Safe in the Shepherd's Arms*, Nashville, TN:

Thomas Nelson, 2010. 《마음 한 번 쉬어 가게나》 두란노)

Rea, Michael. *Evil and the Hiddenness of God*, Stamford, CT: Cengage Learning, 2015.

Robinson, Haddon W. *Trusting the Shepherd*, Grand Rapids, MI: Discovery House Publishers, 2002.

Smedes, Lewis. *Mere Morality*, Grand Rapids, MI: Eerdmans, 1989.

Smith, James Bryan. *The Good and Beautiful God: Falling in Love with the God Jesus Knows*, Downers Grove, IL: IVP, 2009. 《선하고 아름다운 하나님》 생명의말씀사)

Terrien, Samuel. *The Psalms: Strophic Structure and Theological Commentary*, Grand Rapids, MI: Eerdmans, 2003.

Ward, Benedicta and Waller, Ralph. (eds.). *Joy of Heaven: Springs of Christian Spirituality*, London, UK: SPCK, 2003.

Wegner, Paul D. *Using Old Testament Hebrew in Preaching*, Grand Rapids, MI: Kregel Academic & Professional, 2009.

Willard, Dallas. *Life without Lack*, Nashville, TN: Thomas Nelson, 2019. 《부족함이 없는 삶》 규장)

Wright, N. T. *Evil and the Justice of God*, Downers Grove, IL: IVP, 2011. 《악의 문제와 하나님의 정의》 IVP)

Zerubavel, Yael. *Desert in the Promised Land*, Redwood City, CA: Stanford University Press, 2018.

김만성

연세대학교와 합동신학대학원대학교 그리고 풀러 신학교에서 공부했다. 한국에서 기독대학인회 서대문지구 책임간사와 관악지구 책임간사로 섬겼는데, 이때 어린 지성인들을 위로하고 격려하여 기독지성인으로 성장하도록 도왔다. 프란시스 쉐퍼를 소개하며 지성과 영성의 균형과 조화를 강조했고, 디트리히 본회퍼의 신학사상을 가르치며 불의한 군부독재에 저항하는 청년대학생들을 격려했다. 미국에서는 에임스반석장로교회 담임목사로 섬겼다. 북미주 개혁장로교회(The Christian Reformed Church in North America) 소속 목사로 있다.

신뢰의 자리: 시편 23편에서 발견한 인생 좌표

김만성 지음

2021년 11월 25일 초판 1쇄 발행

펴낸이 김도완
등록번호 제2021-000048호
    (2017년 2월 1일)
전화 02-929-1732
전자우편 viator@homoviator.co.kr

펴낸곳 비아토르
주소 서울시 종로구 삼일대로 428, 500-26호
    (우편번호 03140)
팩스 02-928-4229

편집 이현주
일러스트 방한나
인쇄 (주)민언프린텍

디자인 임현주
제작 제이오
제본 비춤바인텍

ISBN 979-11-91851-10-6 03230   **저작권자** ⓒ 김만성, 2021